BIBLIOTHÈQUE

CHRETIENNE ET MORALE,

APPROUVÉE PAR

MONSEIGNEUR L'EVÊQUE DE LIMOGES.

Tout exemplaire qui ne sera pas revetu de notre griffe sera réputé contrefait et poursuivi conformément aux lois.

VOYAGE

EN TOSCANE

PAR

A. D'AUGEROT.

LIMOGES

BARROU FRÈRES, IMPRIMEURS-LIBRAIRES.

A MADAME E. D'AUGEROT, A PARIS.

Florence, 3 novembre 185...

Du point de départ de la dernière lettre que je vous ai adressée, Venise, je crois, chère Madame, au point de départ de celle-ci, Florence, certes ! il y a loin ; et depuis ce moment, comme les astres, mais sans leur ressembler en aucune façon, nous avons décrit une immense orbite... en Italie. A cette heure nous frappons à la porte de la ville des Fleurs, car *Florence*, *Florentia* en latin, *Firenze*, en italien, veut dire *fleur épanouie*, *efflorescence*, et par extension, par catachrèse, comme on dit dans le langage des écoles, *Ville fleurie* ou *Ville des fleurs*. Permettez-moi donc de cueillir quelques modestes violettes dans ce beau parterre où nous prenons nos ébats, et acceptez-en le bouquet un peu en désordre que je vous adresse.

Quelle vision féerique que celle de Florence !

Mais laissez-moi vous y préparer, Madame, et vous y amener peu à peu, comme nous avons fait nous-mêmes.

La Porta di Camullia nous a vus sortir, Emile et moi, de Sienne, le 10 de ce mois, le matin, vers sept heures. Une route, très-romantique, qui sillonne des montagnes et franchit des vallées, nous a conduits à *Poggibonzi*, bourgade de trois mille habitants, nonchalamment assise au pied d'une colline, et à l'ombre d'un vieux manoir. Nous avons eu ensuite la vue d'une assez belle résidence appartenant au grand-duc de Toscane qui s'y délecte en ce moment aux dernières brises de l'automne, ce qui donne passablement de vie au paysage : puis nous avons joui de l'aspect non moins pittoresque du village de *Barberino*, placé à pic sur le point le plus élevé des montagnes qui séparent deux charmantes vallées, la *vallée de la Pesa*, d'un côté, et la *vallée de l'Elsa*, de l'autre.

Dans cette dernière il est un simple hameau, *Certaldo*, à présent station du chemin de fer de Sienne à Florence, et dans ce hameau une maison en briques, qui, depuis quatre siècles, est en possession d'attirer la foule des touristes, gens de lettres, artistes et philosophes voyageant en Italie. Cette maison renferme-t-elle donc des sources thermales, cache-t-elle une mine d'or, y fait-on l'exhibition d'un phénomène? Pas le moins du monde ! Elle fut le retiro d'un conteur, mais d'un conteur spirituel, et comme il l'habita longtemps, et qu'il repose dans l'église du hameau, alors c'est à qui visitera cette demeure qui le reçut bien des fois.

Le héros en question n'est autre que *Giovanni Boccacio*, ou tout simplement *Boccace*.

Au XIVᵉ siècle, un commerce très-actif entretenait de nombreuses relations entre la France et l'Italie. A cet échange international des produits des deux contrées, Paris, notre Paris, où le père de Boccace, un marchand de Florence, était venu trafiquer, doit l'honneur étrange d'avoir donné le jour au créateur et au premier écrivain de la prose italienne. Boccace naquit donc à Paris, en 1313.

Conduit encore enfant à Florence, puis renvoyé dans Paris étudier le commerce, à Paris, comme à Florence, le jeune Giovanni négligea parfaitement les chiffres, et mesura trop bien les vers. On dut le faire partir pour Naples. Mais pousser un jeune homme doué d'une imagination ardente, à Naples, sur la terre classique de la poésie, au milieu des ruines de tant de monuments et de villas célèbres, sous un ciel inspirateur, au pied de la tombe de Virgile, le mettre en présence des flammes du Vésuve, et de tout ce qu'une nature, toujours jeune et puissante, a de plus enivrant, n'était-ce pas le rendre cent fois plus poète qu'il n'était auparavant? Aussi que fit Boccace? Il planta là toute idée d'affaires, et se mit à étudier *Homère, Virgile, Horace, Ovide* et *Dante.*

Boccace était fixé à Naples depuis huit ans, et son père avait renoncé, en désespoir de cause, à en faire un marchand, lorsque notre jeune poète fut témoin d'un spectacle bien fait pour exciter son enthousiasme. C'est à cette époque qu'eut lieu la visite de *Pétrarque* au roi Robert. Boccace assista à l'examen que subit l'auteur des *sonnets,* en présence de toute la cour, et il fut émerveillé de la manière éloquente avec laquelle ce *grand-maître* fit l'éloge de la poésie, et révéla les règles de cet art sublime.

Le premier épisode de sa vie fut la rencontre dans une église, ainsi qu'il était arrivé à Pétrarque pour Laure de Noves, de la princesse *Marie*, fille de Robert. Vous le savez, Madame, c'est elle que le poète célèbre dans ses œuvres sous le nom de *Fiammetta;* et c'est pour elle qu'il composa le poème de *Filicopo.* Je n'insiste pas sur ce souvenir de sa jeunesse.

En 1332, Boccacio di Chellino, devenu vieux et infirme, rappela son fils auprès de lui. Florence gémissait alors sous la tyrannie; mais Boccace ne prit aucune part aux turbulentes agitations populaires. Que lui importait le duc d'Athènes? n'avait-il pas pour compagne la poésie? Là, Boccace se lia d'une étroite amitié avec celui dont il avait admiré le triomphe à Naples, avec Pétrarque. Mais ayant lu les sonnets de ce dernier, il jeta au feu tous les vers sortis de sa plume, à lui, et écrivit en prose, dans l'idiome national. De ce moment cette belle langue italienne fut fixée : Boccace l'ennoblit, et, sous ce rapport, le service qu'il rendit à son pays est inappréciable.

En ces temps-là, une horrible peste venait de désoler Florence. La description de ce fléau et de ses ravages devint pour le prosateur le portique d'un édifice auquel il donna le nom de *Décàméron.* Cet ouvrage est un recueil de cent nouvelles, racontées dans l'espace de dix journées, par une société retirée pendant la peste, dans une villa que l'on montre aux touristes, et qui est située sur les rampes qui conduisent de Florence à *Fiesole,* le *Poggio-Gherardi.*

De Boccace je ne vais plus vous dire que ceci : Converti par le moine Pétroni, le prosateur florentin continua le cours de ses travaux. C'est alors qu'il vint chercher dans le village de Certaldo, qui avait été le berceau de sa famille, un refuge contre les importunités du monde, et un air plus pur. C'est là, dans ce hameau, sous le toit de cette maison de briques que je vous signalais sur notre route tout à l'heure, qu'il composa un grand nombre d'ouvrages latins, qui lui valurent, pendant deux siècles, l'admiration des érudits de Florence et du monde savant. Aussi voyons-nous avec intérêt le retiro modeste, accompagné d'une petite tour, qu'il habita. La chambre qu'il occupait a été restaurée; mais les fenêtres sont du temps de Boccace. Une lampe fort curieuse paraît être le seule objet authentique de son ameublement. On lit cette inscription gravée par la famille des Médicis sur le mur de la tour :

Has olim exiguas coluit Boccacius ædes,
Nomine qui terras occupat, astra, polum (1).

Une maladie interne donna la mort à Boccace dans la chambre de cette petite maison de Certaldo, si calme, si paisible, si bien tapie sous la verdure, le 21 décembre 1375, à l'âge de soixante-deux ans, au moment où mourait aussi, à Acqua, son vénérable ami, Pétrarque. Le fils de Boccace éleva un tombeau à son père au milieu de l'*Eglise de Saint-Jacques*, dite la *Canonica*, à Certaldo. Le poète y était représenté en buste et tenant un in-folio sur sa poitrine. L'épitaphe portait :

Patria Certaldum , studium fuit alma Poesis (2).

Mais, en 1783, le tombeau fut enlevé par une fausse interprétation de la loi contre les sépulcres dans les églises. Alors la pierre sépulcrale qui avait abrité Boccace pendant quatre siècles fut transférée dans la petite maison où

(1) Boccace occupa jadis cette petite maison : mais son nom retentit dans l'univers entier, du pôle aux astres les plus éloignés de nous.

(2) Certaldo fut sa patrie, et la divine poésie l'occupation de ses jours.

on la conserve. Quant aux cendres de Boccace, elles disparurent sans que nul puisse dire où le vent les a portées.....

Après un court repas à Certaldo, nous reprenons notre route par *Tavernelle*, d'où une rapide descente nous fait voir la *Castellina del Chianti*, charmant pays de vignobles, dont les vins sont exquis, nous en avons fait l'expérience à Sienne, et nous conduit au pont de la Pesa qui côtoie le chemin. Nous atteignons la *Villa Machiavel*, aujourd'hui propriété des Maffei.

Machiavel ! Encore un des hommes fameux de l'illustre Florence. Mais celui-ci a pris pour lui un genre d'héroïsme qui n'est pas des plus gracieux et qui récrée le moins l'imagination. Tête étroite et froide, front haut, cheveux ras, face blafarde, menton court, barbe nulle, éclat *igné* du regard et puissante impassibilité des yeux, tel est le portrait de celui dont le nom a été choisi, pour devenir une injure ignoble, *Machiavel !* une insulte sans pitié, *Machiavélique !* et le fer rouge de l'opprobre, *Machiavélisme !*

Nicolas Machiavel, né à Florence, en 1469, descendait d'une famille noble, mais pauvre. Ses talents l'appelèrent de bonne heure à l'office de secrétaire de la République Florentine. Il fut chargé de plusieurs missions en France, en Allemagne, à Rome. La France sous Louis XII, ses mœurs élégantes, sa brillante chevalerie, étaient un nouveau théâtre d'observation pour un homme si éminemment doué des facultés de l'esprit ; et peut-être, sous ce rapport, la France lui fut-elle aussi utile qu'elle l'avait été précédemment au génie de Dante, de Pétrarque et de Boccace. On voit, dans sa correspondance, qu'il parle en même temps des Français avec amour et défiance. L'Italie, désolée, bien moins encore par les armes des Français, des Espagnols et des Allemands, que par les intrigues des Borgia, les crimes des Sforza, et par les menées de tyrans subalternes, s'élevait, des meurtres et des empoisonnements, au plus haut point de splendeur par les lettres et les arts. Nourri des études de l'antiquité, mais plus porté à étudier son époque, Machiavel juge que la protection de la France peut devenir fatale à sa patrie, se retire à l'écart, et là, ayant perdu son office, se jette dans divers complots ténébreux. On le plonge dans les cachots ; il y subit la question, et pendant le reste de ses jours, se ressent de cette horrible épreuve. Pendant son exil, Machiavel s'est adonné aux lettres autant qu'aux intrigues. Il a fait lire à l'Italie sa *Mandragola* ; à titre d'historien, il a composé l'*Histoire de Florence*, travail dans lequel il perce les plus profondes ténèbres, et, par un style pur, rapide, exempt d'emphase, s'élève à des aperçus nouveaux, et répand sur toute l'Italie, d'un souffle haletant, le feu de la liberté. Il écrit des *Dialogues sur l'art des Batailles*, et exprime des vues nettes, précises et profondes sur une matière qu'il n'a jamais exercée. Enfin, il produit le *Livre du Prince*. C'est alors qu'il vient d'être mis à la torture : il souffre de la faim, et que ne conseille pas la faim, *malesuada fames*? Aussi l'homme pervers se dévoile et jette le masque. Il ne souffle plus le feu de la liberté, il répand à pleines mains les poisons les plus actifs et les plus dangereux. La fraude, la violence, les larges proscriptions ne répugnent plus au républicain, naguère si dévoué au bien de l'humanité. Du crime il fait un système. Le sang-froid de la leçon en double l'atrocité. On ne voit plus chez lui l'emportement de la passion qui fait taire les scrupules, et précipite l'âme vers des fraudes et des attentats. Non. Ici, c'est un froid publiciste qui parle, un fourbe qui revêt le manteau de philosophe, l'homme savant qui prostitue le génie. Cet homme oublie qu'il est chrétien ; l'Evangile n'existe plus pour lui. Il enseigne aux tyrans les moyens de réussir même au mépris de la justice et de l'humanité. En un mot, il crée le *Machiavélisme*. Ce traité, manuscrit, est envoyé, en 1514, à Laurent de Médicis, devenu depuis peu maître de Florence, qui lui fait grâce. Machiavel est réintégré dans ses emplois : il a du pain....

Dire le mal que fit ce livre serait impossible ! c'est lui qui a fait les grands crimes, la saint Barthélemy ! les grandes catastrophes, la révolution de 1793 ! Et que d'autres cataclysmes encore !

Machiavel mourut à Florence, en 1527, âgé de 58 ans.

La villa de Machiavel laissée en arrière, et oubliés les souvenirs que ce nom nous rappelle, nous atteignons bientôt le sommet d'un chaînon des Apennins qui sépare le *Val di Greve*, à l'est, du *Val di Pesa*, à l'ouest. Le village de *S. Cascino* couronne le chemin qui gravit ce chaînon, et quand on quitte le village pour descendre l'autre versant, la vue s'étend sur l'horizon le plus enchanteur que puisse produire l'art du décorateur.

La route s'incline alors vers le hameau de *Monte-Buoni*, d'où une charmante et sinueuse courbure du sol permet au regard de sonder la profondeur d'un vallon mystérieux, où dort, sous des flots de douce lumière, le sanctuaire de la *Madona dell' Imprenuta*. Cette Vierge est encore en grande faveur dans la contrée; aussi lui offrons-nous nos hommages, et la prière la plus fervente que puisse produire un cœur d'ami de ma poitrine vole à ses pieds et lui demande pour les vôtres et pour vous, chère madame, des grâces de bonheur et d'avenir.

On trouve dans cette contrée la substance magnésienne d'un vert obscur, tendre et douce au toucher, qui a nom *Serpentine* ou *Silicate de Magnésie*, et que l'on appelle, dans le pays, *Verde dell' Impruncta*.

C'est aussi dans ce voisinage que l'on fabrique les délicieuses poteries et les vases charmants employés en Toscane, pour la décoration des jardins.

Bientôt, après avoir laissé derrière nous un torrent, le *Torrent de l'Emo*, qui bouillonne à travers des bocages remarquables par les teintes vigoureuses et sombres de leur végétation, voici venir à nous, au détour de la route, sur une succession de collines qui s'enchaînent comme les anneaux d'un serpent, des groupes d'édifices se profilant en bleu sur la brume d'or du soleil. Des flèches aériennes de l'église qui les domine se fait entendre la sublime harmonie de cloches argentines. A cette heure de la tombée du jour, rien de poétique comme les accords sacrés et le site qui les renvoie aux oreilles du voyageur qui passe. C'est la *Certosa in Val d'Emo* que nous avons sous les yeux. Edifiée, en 1341, aux frais du pieux sénéchal Niccolo Acciaioli, et sur les dessins de maître *Orgagna*, jamais cette Chartreuse ne fut enlevée à sa destination. Les religieux y prient encore à l'abri des tourments du monde, et Acciaoli repose toujours dans une crypte décorée de son tombeau et de quelques fresques signées *J. d Empoli et Procelli*.

Jusque-là nous avons cheminé à l'ombre et dans le silence d'une belle et splendide nature, apercevant à peine les Maremmes par de rares dépressions du sol, et admirant les sentiers tortueux et encaissés qui s'enfoncent dans les vallons formés par les nombreuses racines de l'Apennin, ou contemplant avec bonheur de frais et calmes paysages, des prairies d'un vert tendre, des torrents fantasques, ici, là, des ruisseaux mélancoliques, et partout la paix et la solitude.

Mais, en tournant sur la gauche, selon l'inclinaison de la route, et en longeant d'autres collines qui vont s'amoindrissant comme pour donner une ouverture et un passage plus loin, à notre droite, nous commençons à pressentir l'approche d'une grande ville. Un mouvement plus sensible se manifeste sur la route et dans la campagne ; nous sommes dépassés par quelques diligences qui arrivent ; des chaises de poste se croisent avec nous ; de nombreuses bêtes de somme transportent des cascines du pays des provisions de toutes sortes ; des cavaliers se livrent aux plaisirs de la promenade ; de brillants équipages se dirigent vers des villas tapies sous le feuillage de hauts arbres, ou retournent à la maison de ville ; des voitures plus communes, mais d'un caractère propre à la contrée, frappent pour la première fois nos yeux. Uniformément peintes de rouge, d'un rouge carmin, ces véhicules appuient leurs brancards sur une selle décorée de cuivres brillants, mais en même temps pourvue d'un X qui sert de support aux limons qu'il exhausse de manière à ne plus leur permettre de battre les flancs du cheval. Quant au cheval, il relève fièrement la tête chargée d'une aigrette, rouge comme l'équipage. Enfin, nous ne nous avançons bientôt plus qu'à travers des piétons qui se hâtent, des soldats qui flânent, des donzelles qui chantent en cueillant des fleurs, et des paysans qui retournent aux villages en rapportant à leurs jeunes sœurs quelques colifichets de la ville.

— *Signor soldato, volete dir mi che e il bel edifizio che corona il colle?* dis-je à un carabinier coiffé du casque d'airain aux armes du grand duc, en lui montrant un palais et de nombreuses dépendances qui l'entourent, sur l'un des renflements de la colline, que nous avons à notre droite.

— *Il Poggio Imperiale...* me dit-il.

— *E questo Convento?* ajoutai-je, en lui désignant une église d'un fort curieux caractère et d'autres édifices qui lui font cortége, sur l'éminence suivante, de l'aspect le plus romantique, car l'église, le cloître, les hauts arbres qui les entourent, les déclivités verdoyantes du mamelon brillent en ce moment de l'auréole de tous les feux du soir, et reçoivent les derniers baisers du soleil qui descend en hâte vers la mer d'Etrurie.

— *San-Miniato!* me répond le soldat...

— La *Villa del Poggio Imperiale* est tout simplement un joli castel, bâti sur le penchant des collines occidentales de l'Apennin par la famille Baroncelli. Mais il devint la possession des Médicis, et Cosme II en fit don à sa fille Isabelle, en 1565. Cette villa passa tour à tour aux Orsini, aux Odescalchi, puis revint encore aux Médicis. Madeleine d'Autriche l'agrandit, en 1712. Une statue ravissante, qui est maintenant aux Ufizi, l'un des musées de Florence, l'Adonis, par *Michel-Ange*, ne plus ne moins, fit longtemps l'ornement et la gloire de la Villa del Poggio Imperiale.

San-Miniato est le nom d'une basilique qui s'élève sur l'une des rampes des mêmes collines qu'elle couronne, au lieu même où jadis, au IIIe siècle, un jeune chrétien de ce nom subit le martyre.

Ces deux noms de Poggio Imperiale et de San Miniato ne m'étaient pas inconnus; au contraire, ils réveillaient en moi une sympathie énigmatique dont je dus chercher la clef. Heureusement les souvenirs me revinrent. Je savais, par l'étude préliminaire que je fais des contrées que nous visitons, que ces deux sites du Poggio et de San Miniato devaient dominer Florence. Nous n'étions donc pas éloignés de la Porte Romaine qui, de ce côté, donne entrée à cette ville, et le Bassin de l'Arno devait occuper le revers de ces mêmes collines assises à notre droite. Or, des amis, artistes et touristes, m'avaient bien recommandé de gravir ces collines, par une avenue de cyprès qui, de la ville conduit à San Miniato, de visiter cette belle basilique, et, du plateau élevé qu'elle occupe, de me mettre en contemplation devant Florence, étalée dans le Bassin de l'Arno, et entourée à distance de la haute ceinture des Apennins. C'était là, m'avait-on dit, l'une des plus belles vues que l'on puisse trouver au monde.

L'occasion était trop belle pour l'ajourner ou la perdre. Comme nous ne voyons que l'envers du Piggio et de San Miniato, la hâte de les gravir et de jouir enfin de l'aspect de la si renommée Florence, nous saisit. Garisenda comprend notre impatience. En un clin-d'œil, à l'endroit où les collines s'abaissant graduellement atteignent le niveau du sol, nous touchons à la Porte Romaine. Je fais entrer notre vetturino dans la cour d'une modeste auberge, l'une des premières maisons du faubourg, et pendant que notre cheval répare ses forces, nous voici montant à l'assaut, escaladant l'avenue de cyprès, nous arrêtant ici pour jouir de la vue qui se déploie, stationnant là pour examiner un aspect nouveau, et enfin atteignant le plateau de San Miniato.

D'abord la basilique est splendide, en effet. Date 1013. Fondateurs, l'évêque Hildebrand, l'empereur d'Allemagne Henri II et sa femme Cunégonde. Façade marquetée de plaquettes de marbre blanc et noir. Chapelle Saint-Jacques, avec tombeau d'un cardinal, œuvre capitale de *Rosselino*. Coupole et délicieux bas-reliefs par *Luca della Robbia*, un Florentin fameux dont le nom va souvent revenir. Fresque de la Sacristie par *Spinello d'Arezzo*. Situation incomparable de l'église en regard de la ville et de la vallée de l'Arno.

Maintenant, Panorama de Florence!

Jamais imagination d'homme ne se représentera magie plus brillante, spectacle plus féerique, splendeurs d'art et de nature aussi éblouissantes.

Notez que c'est l'heure de l'effet, comme disent les peintres ; c'est-à-dire le moment où le soleil, sur son déclin, fait sa toilette de nuit, s'entoure par pudeur de nuages empourprés et ferme peu à peu ses yeux brûlants ; alors les mille objets de la création qu'il ne regarde plus qu'à demi se teignent de nuances poétiques qui fascinent. Il permet à peine à ses derniers feux de se laisser baigner et éteindre dans les premières ombres du soir; il n'illumine que d'un léger sourire d'adieu les cimes des monuments et les parties saillantes des ornements de la nature, monts, pics, collines, rochers, forêts, plaines accidentées, etc., tandis qu'un vaporeux crépuscule en envahit peu à peu la base et la noie dans d'épaisses ténèbres. Oui, c'est à cette heure toute de calme, de paix, de silence, de douce mélancolie, de sublime et sainte poésie que Florence nous apparaît nageant dans les flots d'opale du soir, mollement couchée sur les rives de l'Arno qui murmure à peine, et regardant autour d'elle si le long cachemire du vert Apennin déploie bien ses larges plis pour abriter, pendant la nuit qui va venir, ses blanches épaules contre les vents du nord et les baisers téméraires de brises de l'est.

Voici le tableau qui se déroule à nos regards. En face de nous, à l'est au loin, s'élèvent successivement et par étages les ondulations et les contre-forts de la grande chaîne de l'Apennin, debout à l'horizon comme une haute muraille d'or et d'émeraudes. Rien de romantique et de gracieux à l'œil, comme cet immense éventail que dessine l'Apennin au levant de Florence. Couronné ici, de l'antique cité cyclopéenne de *Fiesole* qui, de la montagne où elle est nichée, descendit dans la vallée, sur les bords de l'Arno, pour donner le jour à Florence; là, portant sur ses rampes les charmantes bourgades de *Pratolino* et de *Prato;* capitonné, dans tous les sens, des plus délicieuses villas dont les riantes façades vous apparaissent au sein de leurs frais bocages, l'Apennin ne ressemble pas à une montagne, mais à la riche écharpe d'une madone que l'amour et la piété chargent à plaisir des dons les plus somptueux et les plus éclatants.

Au nord, une autre ville antique, *Pistoja*, met en relief les bastions et les angles de ses murailles sur le fond de verdure qui lui sert de marche-pied; et les pics élevés de l'Apennin, dont la chaîne va se perdre à l'horizon, semblent se dresser pour vous dire que, dans leurs gorges les plus voisines, elles vous feront voir le théâtre du combat désespéré dans lequel périt *Catilina*, le terrible conspirateur qui fit trembler Cicéron et mit Rome à deux doigts de sa perte.

Au sud, dans la plus charmante vallée que puissent habiter des humains déshérités de l'Eden, et parmi les plus capricieuses ondulations de l'Apennin et de ses contreforts qui ont dû s'incliner pour lui ouvrir un passage, apparaît l'*Arno*, roulant avec efforts ses longues vagues jaunâtres et limoneuses. Frère du Tibre, l'Arno sort du *Mont Falterona*, entre Florence et Rimini, d'un côté de la montagne, pendant que le Tibre s'en épanche de l'autre. Puis, en bons amis, l'un et l'autre, sans prévision de la haute fortune qui les attend d'arroser les deux plus fameuses cités de l'Italie et du monde, ils semblent hésiter à se quitter, et, se jurant une éternelle amitié, voyagent d'abord côte-à-côte; mais, hélas! c'est l'histoire de la vie et des affections que l'on s'y promet! Soudain, l'Arno laissant le Tibre à ses hautes destinées, se sent pris d'ambition, et tournant brusquement le dos à son frère, il remonte vers le nord-ouest, et le voici qui arrive vers Florence, dont il va partager inégalement l'enceinte de son ruban d'or. Enfin, à la sortie de la cité des Fleurs, appelant à lui l'*Ombrone* et l'*Elsa* dont les eaux lui rendent quelque force et un peu de vigueur, pour ne pas rendre jalouse Pise, l'antique rivale de Florence, il lui offre son tribut en la désaltérant, et va résolument se perdre dans la Méditerranée, et y consommer son suicide, repu qu'il est des joies d'une noble carrière bien remplie.

Mais, sur les bords du fleuve, au nord-ouest de la ville, voyez-vous ce pré, vert comme émeraude et enchassé dans ces larges allées qui l'enserrent de leur méandre? Tout au plus une demi-lieue forme-t-elle la longueur de ce pré, et deux cents pas sa largeur. Mais, qu'il est bien abrité par cet épais rideau de grands arbres qui, au sud, interceptent les rayons du soleil ! A cette heure comme il fait sombre déjà, car l'ombre de ces arbres, chênes verts, hêtres revêtus de lierre de la base au sommet, pins et mélèzes couvrent le pré de toute leur longueur ! Ce sont les *Çascines*, le Champ-de-Mars, l'Hippodrôme, la Promenade d'été de Florence, son Bois de Boulogne, son Longchamps. Ce nom de Cascine, que l'on prononce *Caschine*, lui vient de la *ferme*, en italien *Cascina*, qui sert à l'exploitation des terres du grand duc de Toscane, situées à l'entour du pré. En outre, à l'extrémité de la grande allée, se trouve un Casino, également propriété du grand duc ; et, devant le Casino, s'étale, au soleil, un vaste espace qui a nom *Piazzone*. Quatre allées aboutisent à cette place, et les nombreux équipages qui circulent sur la promenade y trouvent des dégagements parfaitement ménagés.

On arrive aux Cascines par la porte du nord, *Porta del Prado*, et une magnifique avenue d'arbres gigantesques d'au moins une demi-lieue de longueur. Une fois sur le Turf, Florentins et Florentines descendent et marchent, pendant que leurs voitures stationnent dans les allées. Alors les promeneurs circulent lentement, coudoyés, coudoyant, salués, saluant, foulés, foulant. D'ici, de là, partent lièvres et daims, perdrix et faisans, pêle-mêle avec les crinolines des donne qui parfois leur servent d'abri, et les habits noirs des signori ; car le petit bois voisin sert de remise au gibier du noble duc. Souvent, bien souvent, on voit un sillon creux se former dans la foule ; alors dans ce vide s'avance une famille, grands parents, homme, femme et une troupe bondissante d'enfants blonds et roses. Devant ce groupe ondule le flot des promeneurs ; c'est tout simplement le respect qui fait faire place aux princes de Toscane ; car, dans ces personnages, reconnaissez, madame, la duchesse douairière, le grand duc, sa femme et ses enfants.

Puis, quand à *Santa Maria del Fiore*, le joli nom donné à la cathédrale de Florence, 'Sainte-Marie de la Fleur! ou à quelque Chiesa du voisinage, *Santa Maria Novella* par exemple sonnent sept heures, comme c'est l'heure du serein, et qu'à Florence le serein donne la goutte, des rhumatismes et la cécité, c'est l'Arno qui cause tant de maux! on fuit le brouillard qui s'élève du pré. Tout chacun remonte en voiture. On s'arrête bien encore un instant sur le Piazzone pour écouter les dernières fanfares de la musique des carabiniers ; d'une voiture à l'autre, comme dans les rues d'une cité mouvante, on se rend bien des visites rapides ; on se serre la main, on se sourit, on se donne des rendez-vous, on monte sur le marche-pied pour se parler à l'oreille... mais, aussitôt que le timbre de bronze annonce huit heures, oh! alors, c'est un sauve qui peut général par toutes les avenues, c'est une rombe qui éclate, c'est une lavange qui roule. On rentre à la ville.

Voilà pour l'aspect général du cadre qui entoure Florence.

Pénétrons dans l'intérieur de la ville, à présent. Et, puisque nous venons de parler de la promenade d'été, parlons tout de suite de la promenade d'hiver.

Florence, arrosée par le jaune Arno, peu tumultueux pendant les chaleurs, parfois même malodorant alors que souffle la bise, pendant l'hiver voit son fleuve faire le matamore dans ses larges quais de granit. Coulant du sud à l'ouest, il partage la ville en deux parties inégales. Sur la rive droite, élégants quartiers, rues somptueuses, merveilles monumentales, richesses artistiques. Sur la rive gauche, quartiers moindres, rues étroites, mais aussi Palais Pitti, mais Boboli, etc. Du reste, que l'Arno coupe la ville en deux parts très-inégales, peu importe. Il n'en a pas moins à remplir un long parcours au travers de Florence, et sur toute la longueur de ce parcours règnent de fort beaux et très-larges quais. Les quais de la rive droite surtout, mieux exposés au soleil du midi, et bordés des palais les plus imposants et les plus majestueux, offrent alors, quand sévissent les courtes rigueurs de l'hiver, une délicieuse et belle promenade, bien dallée, bien chauffée. On appelle ces quais et la promenade qu'ils forment *Longo l'Arno*.

Longo l'Arno, comme les Cascines, est essentiellement aristocratique. Le peuple s'abstient d'y paraître. C'est là une des singularités du peuple toscan. Où vont les patriciens les plébéiens ne se montrent jamais! Cette distinction des rangs est religieusement maintenue par les classes inférieures. Or, c'est là, qu'en hiver, les voitures florentines circulent aux rayons du soleil, *maestoso ;* que les cavaliers caracolent, *piano, pianissimo ;* que les œillades vont leur train, *con furore.* Puis, quand le soleil tourne et que l'ombre descend, toute cette fantasmagorie de chevaux, d'équipages, de toilettes, de belles dames, et de beaux messieurs, s'efface et disparaît. Restent l'Arno qui gronde et le vent du soir qui mugit.

Quelle belle enceinte que celle qui étreint Florence de sa longue ligne de murailles et de tours, et comme elle dessine nettement un quadrilatère, dont un seul des angles franchit l'Arno. Il n'est pas étonnant que Florence se soit développée davantage sur la rive droite du fleuve, au pied de la colline de Fiesole. Là, se trouvait un *Champ de Roses* qui fleurissaient sur les bords du fleuve. Mais, comme Fiesole, cette ville antique qui nous sourit, à l'orient de Florence, assise sur les rampes de l'Apennin, faisait un commerce très-étendu, afin de faciliter l'accès de ses foires, et pour éviter aux voyageurs la fatigue de gravir la montagne, ses marchands descendaient dans la vallée de l'Arno : ils y dressaient leurs comptoirs, y étalaient leurs marchandises parmi les fleurs ; de là l'origine de Florence. Ainsi c'est un champ de roses qui fut son berceau et qui lui donna son nom.

Les accroissements successifs de la nouvelle ville, forcèrent à renouveler quatre fois le périmètre de son enceinte. On retrouve encore les limites du premier périmètre, dans le grand îlot de rues étroites qui enserrent le Marché Vieux. Ce fut là le Champ de Roses. Certes ! il est infiniment moins parfumé qu'alors !

Au nord, une forteresse, la *Fortezzo da Basso*, placée dans la plaine, à côté des Cascines, protège Florence et la couvre de ses feux. Au sud, la *Fortezzo del Belvedere*, qui la domine à une grande hauteur, complète son système de défense.

Du point élevé que nous occupons, il nous est facile de compter les dix portes qui donnent accès dans la ville. Les portes anciennes se ressemblent à peu près toutes, et se composent d'une tour carrée, dans laquelle ouvre une grande arcade circulaire. Au nord, je vous ai signalé déjà la *Porta del Prato* qui conduit aux Cascines, à Pistoja, à Pise, à Livourne. Au nord-est vient la *Porta san Gallo* décorée des fresques de *Ghirlandajo*, et précédée d'un arc-de-triomphe élevé, en 1738, pour l'entrée du Grand-Duc. Elle ouvre sur Bologne et Fiesole. La *Porta alla Croce*, au sud-est, dirige le voyageur vers Ravenne et Rimini ; au sud-ouest, la *Porta Romana* conduit à Sienne et à Rome, et enfin au nord-ouest, sur les bords de l'Arno, la *Porta san Frediano* termine la circonférence. J'en omets quelques-unes des moins importantes.

A présent, jetons les yeux sur les ponts qui couvrent l'Arno. Ils ne sont pas nombreux, mais tous ont leur aspect curieux et pittoresque et presque tous leurs souvenirs.

Le premier, en amont du fleuve, s'appelle *Ponte alle Grazie*, le Pont des Grâces. On le nomme aussi quelquefois *Ponte di Rubaconte*, du Podestat qui le fit construire. *Arnolfo di Lapo* fut son architecte, et il remonte à 1257. Aussi, comme sur nos vieux ponts de Paris, il y a deux cents ans, voit-on des échoppes élevées sur des piliers, et traverse-t-on l'Arno sans pouvoir en contempler le cours. Jamais les crues du fleuve, parfois bien peu commode, n'ont pu nuire à ses piles formidables.

Celui qui vient après, a nom *Ponte Vecchio.* On lui donne ce nom parce qu'il est construit sur l'emplacement du plus ancien pont que posséda Florence : mais il ne remonte qu'à 1342, époque où *Taddeo Gaddi* fut chargé de le réédifier. Comme le Ponte alle Grazie, le Ponte Vecchio est bordé d'antiques maisonnettes dans l'intérieur desquelles il ne ferait pas bon pénétrer, mais dont les formes antiques, les ais vermoulus et les attitudes étranges ont un côté poétique qui charme le regard de l'observateur et le font rêver... au vieux temps. Les orfèvres ont toujours habité ce pont. Ce fut de l'une de ces échoppes qu'*Antonio Magliabecchi* quitta son atelier, à l'âge de quarante ans, et s'occupa de rassembler des livres dont il composa une fort belle bibliothèque. Bibliophile distingué, Magliabecchi donna ensuite à Florence la collection précieuse qui porte son nom. Ce fut aussi dans une de ces barraques que, vers 1452, trafiquait de son art le célèbre sculpteur de Florence *Tommaso*, ou simplement *Maso Finiguerra.* Cet habile artiste venait d'inventer alors l'art d'imprimer des estampes avec des planches de cuivre gravées en creux. Dans notre musée du Louvre, vous pouvez voir, Madame, la plus belle des estampes exécutées par Maso Finiguerra, peu après l'invention de son procédé, c'est le *Couronnement de la Vierge.*

Le troisième pont, en remontant vers le nord, est le *Ponte a Santa Trinita,* de 1559, hardi, élégant de forme, avec des arches d'une courbe elliptique surbaissée qui laisse un plus large passage aux eaux, et dont celle du centre n'a pas moins de quatre-vingt-dix pieds d'ouverture. *Bart. Ammanato* est l'auteur de ce beau travail.

Le cinquième et dernier pont, car je ne parle pas du Pont de Fer qui fait face aux Cascines, le pont historique, le pont par excellence dans la cité, est le *Ponte alla Carraïa,* prononcez *carraia,* nom qui lui vient du mot *char, chariot,* sans doute, parce qu'il était le point de communication, entre les deux rives, le pont le plus fréquenté. Il fut restauré en 1304, après une terrible catastrophe qui eut lieu sur ce pont.

Les Florentins, de tout temps, furent passionnés pour les fêtes et les spectacles. Un jour de cette année 1304, les habitants du faubourg San Frediano eurent l'idée d'offrir à la cité un pompeux spectacle dans lequel *on verrait tout ce qui se passe dans l'enfer.* Jugez de l'enthousiasme des Florentins.

Le Pont de la Carraja fut décoré à cet effet, et les spectateurs couvrirent ses loges par milliers. Des échafaudages avaient été dressés sur le lit de l'Arno, et des plate-formes agencées sur des tréteaux. Alors, vers le soir, dans l'ombre, jaillirent de grands feux, des brasiers dévorants et des flammes formidables. Damnés se tordant dans la géhenne, démons les aiguillonnant, tous les genres de supplices mythologiques et autres amusaient à cœur joie les bons Florentins, lorsque soudain, d'une part, le pont, trop chargé, s'écroule; de l'autre, le feu prend aux charpentes. Démons et damnés, curieux de toutes sortes, acteurs et théâtre tombent dans les eaux du fleuve. Je vous laisse à vous figurer l'épouvante, le désordre et l'horrible catastrophe. Beaucoup de gens périrent et furent à même d'aller voir, en effet, ce qui se passait dans l'autre monde, selon le programme. Mais, chose étrange, d'un pareil malheur il résulta ceci que, Dante étant l'un des spectateurs de cet affreux sinistre, il conçut de ce moment le poëme de l'Enfer...

Occupons-nous de la ville à cette heure.

Jadis Athènes, au point de vue du patriotisme, de l'art, des nobles idées, de l'élégance et du bon ton, était le soleil de la Grèce; dans les temples modernes, l'Athènes de l'Italie, c'est la belle Florence.

Toute l'histoire du patriotisme, des luttes sanglantes, de l'esprit belliqueux, de l'art, de l'élégance et du bon ton, dans Florence est écrite en un relief élégant dans ses innombrables monuments. Nous remarquons d'abord l'aspect majestueux, que présentent les nombreux et très-anciens palais que leur massive construction fait ressembler à des forteresses. Toutes les villes d'Italie ont des palais, mais Florence, seule, possède ces étonnants châteauxforts du moyen-âge empreints de je ne sais quel âpre génie qui leur donne une physionomie exceptionnelle. Là, point de portiques, pas de colonnades, mais de sombres et imposantes façades.

Etudions ensemble tous ces édifices, Madame, du haut de la plate-forme de San Miniato, et laissez-moi vous dire comme ils sont splendides à la tombée du jour, éclairés encore par les reflets des nuages empourprés. A certaine heure, c'est une douce chose que de pouvoir échanger ses idées avec un artiste intelligent, et, ce soir, la nuit descend si calme, si pure, si transparente, si digne du pays où nous sommes, la nature et l'art, tout est si beau, qu'il fait bon les contempler à deux. Les vagues d'or du couchant reflétées dans les eaux de l'Arno et jouant sur les cimes verdoyantes de l'Apennin; la silhouette de Fiesole sur sa montagne, et dans la plaine, les clochers de Pistoja et de Pratolino perdus dans la vapeur bleue; au bord du fleuve, sur la lande mouillée qui borde le fleuve à sa sortie de la ville, trois escadrons de cavalerie avec leurs légers coursiers et leur élégant uniforme qui regagnent la caserne ; les fanfares de leur musique, le cliquetis des sabres, l'éclat des armes ; au loin les équipages des Cascines ; sous nos pieds, dans la cité, les promeneurs des quais, et dans les rues la foule qui se meut, les lumières qui brillent, le gaz qui s'allume ici et là ; il y a pour nous tout un tableau changeant qui ne sortira jamais de ma mémoire et que je veux mettre à l'instant sous vos yeux, Madame.

Regardez : au-delà du Ponte Vecchio, sur la rive droite, s'étend la partie la plus ancienne de Florence, l'ancien Champ-de-Roses, marqué par un large dédale, en forme de damier, composé de petites rues sombres, étroites, mais rectilignes et qui, toutes, se coupent à angles droits. Au deux coins du sud-est et du sud ouest de ce dernier, à peu près le centre de la ville, s'ouvrent deux places et se dressent les deux plus fameux édifices de Florence, la maison de Dieu, *il Duomo*, et la maison du pouvoir humain, *Palazzo Vecchio*.

Ce *Palais-Vieux*, vaste, massif et sévère édifice, se distingue par le haut donjon carré, que surmonte un encorbellement avec beffroi. Cette tour a nom *Torre della Vacca*. Le palais semble fermer l'œil, car ses fenêtres sont peu nombreuses ; mais il veillait, et veillait bien, jadis, tout en clignotant de la sorte, car ce palais était le gardien de l'autorité républicaine de la jalouse Florence. La vue de cet édifice à mine rébarbative et revêche rappelle les luttes acharnées du moyen-âge. On y reconnaît le Forum de la République Florentine, tant de fois témoin de ces révolutions terribles qui mettaient tour à tour sur le pinacle les Guelfes et les Gibelins, les Blancs et les Noirs. Les nombreuses curiosités artistiques qui le distinguent et l'entourent, y attestent encore la grandeur et la virilité de la vie publique qui tenait là ses assises et où tout se faisait pour le peuple.

La *Piazza Ducale* est bornée au sud par le palais qui en forme l'un des côtés. Cette Place Ducale et son Palais-Vieux sont à Florence ce que sont à Venise la Piazza et le Palais des Doges. Là bat le cœur de Florence, et on le sent palpiter. Rien de caractérisque, rien de curieux à l'œil, comme ce point central de la ville des fleurs. Etudiez-en le plan :

D'abord, sur le seuil même du palais, comme deux géants qui en défendent l'entrée, apparaissent, debout, deux statues colossales, l'une représentant David, alors qu'il est encore berger et vient de tuer Goliath, l'autre Hercule, losqu'il brise le crâne du terrible Cacus. La première, mal ébauchée par *Simon, de Fiesole*, est l'œuvre, incorrecte encore, de *Michel-Ange*, à peine âgé de 29 ans. La seconde, trop raide, mais majestueuse et d'une souveraine énergie, est due au ciseau de *Baccio Bandinelli*. Deux termes accompagnent ces deux premières œuvres magistrales.

Ensuite, à droite du palais, vaste espace libre, sorte de Piazetta sur laquelle jadis s'élevait la maison de *Farinata des Uberti*, un Gibelin, dont les Guelfes rasèrent la demeure, et où ils défendirent de jamais planter un seul arbre. Sur cette sorte de Piazzetta, et à l'endroit même où nous verrons brûler le moine Savonarole, *Fontaine de Neptune*, entourée de tritons en marbre, et de satyres en bronze, de 1563, ouvrage d'*Ammanato* et d'une beauté saisissante. La plume ne saurait rendre l'expression cynique des satyres. L'un deux surtout était d'une vérité tellement frappante, qu'un amateur le déroba, en 1831. C'était celui qui touche à l'angle du palais. Grand fut l'émoi dans Florence où le peuple est artiste, habitué qu'il est à naître, à vivre et à mourir parmi les trésors de l'art, qu'il juge très-sévèrement, qu'il apprécie très-sainement, et qu'il aime par-dessus tout. Le satyre enlevé ne se retrouva pas. On dut le remplacer par un intrus qui joue passablement son rôle dans la farce. On aurait peut-être à reprocher à cette fontaine monumentale le mince filet d'eau qui en découle et qu'elle semble donner fort à regret.

Tout à côté de la fontaine se dresse noblement campée sur son cheval de bataille la belle statue en bronze de Cosme II. Elle est de notre *Jean* de *Bologne*. C'est vous dire que c'est un chef-d'œuvre.

Sur le côte nord de la place, cette crète de palais qui brode le firmament appartient au *Palazzo Ugugccione*. Le grand artiste *Palladio*, dit-on sans l'affirmer, est l'auteur de cette œuvre qui décore la place sans y produire un effet bien merveilleux.

A l'occident, l'Hôtel de la Poste forme la limite de la Piazza. Mais, attenant à cet hôtel, il est une avance en bois, sorte d'immense auvent, qui a nom *Toit des Pisans*. Certes ! ce toit ne se recommande en rien à l'admiration du curieux, au point de vue de l'architecture. Toutefois, à Florence, il a le caractère d'un monument historique. Rome et Carthage n'étaient pas deux villes très·amies, n'est-ce pas ? Ainsi fut-il en miniature, de Florence à l'endroit de Pise, sa rivale et sa voisine. Ces villes eurent donc leurs guerres puniques, et Pise, domptée par la bataille de Galiotto, à six milles de Pise entre cette ville et Florence, dans laquelle bataille, le 28 juillet 1364, on tua mille soudards aux Pisans et on leur fit deux mille prisonniers, fut à peu près détruite, mais, en tous cas complètement soumise. Quarante deux charrettes emmenèrent les vaincus, chargés de chaînes, à Florence, où ils firent leur entrée dans la ville par la Porte San Frediano. La, les battus payèrent l'amende, selon le proverbe, car on leur fit verser es-mains de la gabelle dix-huit sous par tète, tout comme les moutons. Puis, trompettes sonnantes, on les parqua sur le Forum de la Seigneurie florentine, cette Piazza ducale, où on les employa, comme des forçats, à construire ce vaste appentis qui porte à jamais le nom, en souvenir de leur honte, de Toit des Pisans!

Le côté sud de la place est occupé par la *Loggia de Lanzi*. C'est un long et large vestibule composé de trois arcades plein-ceintre, supportées par des colonnes et couronnées par un gracieux fronton. *Andrea Orgagna*, qui signait *pictor* ses œuvres architecturales, et *sculptor* ses peintures, créa ce bijou de l'art en 1374, pour servir d'abri aux magistrats quand crevait une nuée, et les nuées à Florence sont un déluge, car les magistrats tenaient leurs assemblées sur la place de la Seigneurie. Le peuple, imperméable, lui, restait au-dehors et écoutait les dissertations et les discours au pied de la Loggia, devenant ainsi les Rostres du Forum florentin. Mais, sous les Médicis, leurs lansquenets, *Lanzighinetti*, ayant leur corps de garde à la porte du *Palais-Vieux*, séparé de la Loggia, par la rue qui descend à l'Arno, se promenaient par désœuvrement sous cette loge, qui avait alors perdu sa destination première. De là le nom de *Loggia de Lanzighinetti*, et, par abbréviation, *Lanzi*, loge des lansquenets.

Une fois la Loggia élevée par Orgagna, la Seigneurie florentine s'occupa d'entasser des merveilles dans cette somptueuse enceinte. Deux lions, du plus beau travail, dont l'un celui de gauche, est de *Fl. Vacca*, furent placés sur l'escalier qui occupe l'arcade centrale, pour garder l'entrée. Ensuite on disposa entre les colonnes, et sous la Loggia, d'abord six statues antiques, prêtresses ou vestales, provenant de la villa Médicis, de Rome; puis trois statues modernes : la Judith, de *Donatello*, le Persée, de *Benvenuto Cellini*, et l'enlèvement d'une Sabine par un Romain, de notre *Jean de Bologne*

De la *Judith*, disons seulement que tirée du Palazzo Riccardi, appartenant aux Médicis, par la vengeance populaire, car Pierre de Médicis venait d'être chassé de Florence pour avoir livré la Toscane à Charles VIII, notre roi de France, qui se rendait à Naples, elle fut installée sous la Loggia, comme trophée, et en souvenir de la victoire plébéienne sur les Médicis, et on grava au-dessous cette sentence, que n'effaça pas Laurent II, quand les Médicis rentrèrent dans la ville :

EXEMPLUM SALUT. PUBL. CIVES POSUERE MLCCCXCV.

Quant au Persée, ne suffit-il pas de de dire qu'elle est de Benvenuto Cellini pour que l'on comprenne immédiatement que c'est un merveilleux chef-d'œuvre? Cependant on lui conteste ce titre, parce que dans l'enivrement de son succès, Benvenuto lui-même n'a pas craint de trop donner ce nom à son travail. La statue représente Persée au moment où le héros vient de couper la tête de Méduse. Le sang jaillit à faire peur, le cadavre palpite, la figure grimace, et le héros se cambre, que c'est à en avoir le frisson. « Tout ce que ce groupe de bronze offre d'idéal, dit M. P. de Musset, vient de la perfection des formes, de la noblesse de l'attitude, et du geste simple et majestueux que fait le bras du personnage en présentant la tête de Méduse... » Il est curieux de lire dans les mémoires autographes de Benvenuto, combien le travail de cette statue lui donna les sueurs, les transes et les fatigues de l'enfantement. Certes! si, pour l'artiste, Persée a été l'occasion d'un récit fort curieux et très-animé, pour le touriste en face de l'œuvre, ces pages de mémoires ont un intérêt qui décuple sa jouissance. Nous aurons à revenir sur ce chatouilleux Cellini, car il est de Florence, où il naquit en 1500, et où il mourut en 1570 ; aussi Florence est-elle pleine de Benvenuto. Ciel! j'allais oublier de vous signaler de délicieuses figurines qui décorent le piédestal de Persée. Mais je ne dois pas insister trop sur le mérite : il y a danger ! La duchesse Eléonora de Tolède n'en devint-elle pas amoureuse ?

Quelle finesse ! Quelle jeu de physionomie ! Quelle admirable expression dans les trois figures du groupe de l'enlèvement de la Sabine ! L'Europe a fait le voyage de l'Italie pour le visiter et s'extasier. On raconte toutefois qu'un Romain, venu tout exprès à Florence, pour contempler l'œuvre de Jean de Bologne, s'approcha du groupe, sans quitter son cheval, et s'écria :

— Ce n'est que cela !

Ce groupe demande à être vu de près, à pied, et se recommande surtout par le délicieux petit bas-relief du piédestal.

Entre l'angle du Palais-Vieux et l'angle de la Loggia, s'ouvre une cour qui descend à l'Arno, dans une longueur de cent cinquante pas. C'est la cour du splendide *Palazzo degli Uffizii*, le merveilleux *Musée de Florence*, celui qui renferme la *Tribune*, ce sanctuaire des prodiges de l'art. Une colonnade décore cette cour, et sous chaque arcade de cet immense portique, s'élève la statue des Toscans célèbres. C'est tout un Panthéon florentin, car on y contemple tour à tour les traits, le costume et l'attitude familière d'Andrea Orgagna, de Nicolas de Pise, du Dante, de L. de Médicis, de Léonard de Vinci, de Benvenuto Cellini, de Giotto, de Donatello, de L. B. Alberti, de Michel-Ange, de Pier Capponi, de Farinata degli Uberti, de Boccace, de Pé-

trarque, de Machiavel de Guicciardini, d'Améric Vespuce, de Galilée , de
P. Mascagni, de F. Ferrucci, de Guido Aretino, etc. Comme œuvres d'art,
ces statues sont assez médiocres.

Je vous ai dit, Madame, qu'à l'angle sud-est du damier de rues sombres,
mais droites, qui composent le berceau de Florence, placée sur l'antique
Champ de Roses, se dressait, au centre de la place du Dôme, le *Duomo*, la
Cathédrale si vous voulez, *Santa Maria del Fiore*, si vous aimez mieux
encore. C'est un merveilleux édifice que couronne une coupole, la première
qui ait été élevée en Italie après celle du Panthéon de Rome, celle qui précéda
d'un siècle la coupole de Saint-Pierre, dont l'ouverture compte un pied de
moins. C'était un essai, et certes ! il faut convenir que quand *Brunelleschi*,
son auteur, la fit décintrer, son cœur dut ressentir de terribles pulsations.
Quel prodigieux effet produit ce dôme aérien planant sur la ville endormie à
ses pieds !

Et quelle splendide création que celle de ce *Campanile* qui se dresse à
côté, ainsi qu'une sublime prière prenant son essor vers les cieux ! Il compte
deux cent cinquante-huit pieds d'élévation. Ce n'était pas sans raison que
Charles-Quint souhaitait que l'on pût envelopper d'un étui ce clocher magnifique, cette admirable mosaïque de marbre de toutes couleurs, ainsi qu'on
met un joyau précieux dans un écrin. La Campanile proclame bien haut ce
nom immortel du *Giotto* qui le commença en 1334. Seize statues et cin-
quante-quatre bas-reliefs le décorent de la base au sommet. Quel prodige
d'art et de patience !

Et cette autre coupole qui s'élève modestement en face même du Duomo,
et qui cependant brille encore d'un dernier reflet de lumière, savez-vous que
c'est une antique Cella de Mars, dont la voûte était ouverte, comme dans les
temples païens? Cette cella est le *baptistère* de la cathédrale aujourd'hui.
On l'appelle aussi la *Chiesa di San Giovanni*, mais cella de Mars, baptistère
ou église Saint-Jean, elle possède ce que ne possèdent ni Saint-Pierre de
Rome, ni Saint-Paul de Londres, ni Notre-Dame de Paris, aucune église
du monde enfin, à savoir les portes de *Lorenzo Ghiberti*, un Florentin encore, un Florentin de 1378. Aussi j'en veux aux magistrats, à la municipa-
lité, à l'édilité, au grand-duc même de Florence. Comment Ghiberti a créé de
pareilles portes dont Michel-Ange lui-même, en les voyant, s'écria qu'elles
méritaient d'être les portes du paradis ! Ghiberti est de Florence, et sa statue
ne figure point parmi les autres statues du Panthéon Florentin, à côté de
Benvenuto, de Giotto, de Dante, etc. Et ils y ont mis celle de Machiavel, l'infâme empoisonneur du genre humain ! Oh! c'est mal !

C'était presque un enfant, ce Ghiberti, il avait vingt-cinq ans ! En courant le monde un jour, en faisant son tour de... d'Italie pour modeler des figurines de cire, il arrive à Rimini, chez un certain tyran du lieu appelé Malatesta, qui lui fait exécuter quantité de grotesques pour l'amusement de sa nichée. Mais, un matin, Malatesta ne le trouve plus dans les combles de son palais : Ghiberti s'est sauvé en hâte de Rimini, et se rend à pied à Florence. Chez Malatesta, la voix d'un étranger lui a dit que l'on met au concours les portes du baptistère de sa ville natale. Ghiberti se présente au jury. Mais il n'est pas seul : Brunelleschi, Donatello, L. de Bartholuccio, Jacopo della Guercia, Nicolas d'Arezzo, F. de Valdambrine, et Simon de Colle, concourent avec lui. C'est égal : il se met à l'œuvre, l'emporte sur ses rivaux par son esquisse, s'incline alors sur son travail, met quarante ans à composer ses portes, se relève les cheveux blancs, le corps usé, mais a enfanté le chef-d'œuvre des chefs-d'œuvre. Dieu et le ciel, la création du monde, l'homme et les animaux, l'architecture et le paysage, la perspective la plus délicate et la poésie la plus exquise, tout se retrouve dans le relief de ces portes inimitables, uniques, pittoresques, infinies dans leur beauté, comme est infini le sentiment qui les inspira.

Sachez, maintenant, Madame, que la Florence moderne a successivement dépassé le damier de la primitive cité, et admirez comme ses différentes zônes se sont enroulées hardiment autour du berceau qui leur a donné naissance. Je vais vous signaler chacun des jalons qui capitonnent l'éruption de leurs maisons trop à l'étroit, et qui ont rompu les barrières qui les entouraient pour s'étendre plus au large dans la plaine.

Sur notre droite, assez près du Duomo, il est une construction élancée qui, semblable à une immense baleine s'étalant sur les vagues, monte au-dessus de l'océan rougeâtre des habitations florentines. C'est *San Lorenzo*, un monument qui fait comprendre de prime-abord la munificence des Médicis, alors qu'ils étaient encore dans l'obscurité de la vie privée. Cette église décore une autre Piazza sur laquelle est établi un marché, la *Piazza San-Lorenzo* ; mais, à part sa beauté propre, elle possède un sanctuaire, rattaché à l'édifice, et qui sert d'écrin aux plus riches bijoux que l'art et le talent puissent livrer à l'admiration des hommes. Ne suffit-il pas de nommer le *Jour*, la *Nuit*, l'*Aurore*, le *Crépuscule*, la Statue de Laurent II de Médicis, le père de Catherine, connu sous le nom de *il Pensiero*, le *Rêveur*, et celle de Julien II de Médicis, en costume de cour ? Non : dans l'univers entier, on chercherait en vain des marbres qui vivent, qui pensent, qui respirent, comme

vivent, pensent et respirent ces marbres de *Michel-Ange Buonarotti !* Et cependant l'artiste n'était encore qu'au début de la vie...

Si, partant du chevet oriental du Dôme, on suit la longue rue qui s'appelle
Via dei Servi, on arrive alors à la *Piazza della Santa Annunziata :* mais
aussi l'on s'arrête soudain, car tout autour de vous s'étendent de magnifiques colonnades, avec attiques, architraves, fresques, etc., et l'on se trouve
sur l'une des plus belles places de Florence. Au centre, se dresse la statue
équestre en bronze de Ferdinand Ier. C'est le burin de *Jean de Bologne* qui
l'a ciselée. D'un côté, vos yeux admirent ensuite une œuvre monumentale
de *Brunelleschi*, le grand architecte de Florence, l'*Ospedale delgi Innocenti*,
édifice bien digne de l'auteur de la coupole de Santa Maria della Fiore ; et de
l'autre, vous contemplez l'*Atrium* splendide qui précède l'*Eglise dell' Annunziata*. C'est là que le noble artiste *Andrea del Sarto* a semé les perles
et les diamants de sa palette sur les murs d'un pauvre cloître. Pour le moment, nous ne pouvons en étudier que les lignes architecturales de l'édifice
qui se détachent en tons gris sur les tons roses et blanchâtres des maisons
qui l'entourent : mais que de trésors à l'intérieur de ce monument !

Un peu plus au nord, dans des quartiers plus modernes, et là où l'espace
s'élargit, et où l'air circule plus largement, voici sur une autre Piazza encore,
et à l'angle de l'un de ses côtés, un immense bâtiment dont les toits mouton-
nent sur l'azur bleu du ciel. On y arrive du Dôme par la *Via del Cocomero*.
C'est le fameux *Monastère di San Marco*. Assurément vous devez reconnaître
que les arts règnent en maîtres dans cette belle cité des fleurs, Madame, car
on ne fait pas un mouvement sans se heurter contre une de ses nombreuses
merveilles. Mais ici, dans ce cloître de Saint-Marc, on n'a pas seulement des
prodiges de l'art à étudier dans les délicieuses et fines peintures de *Fra Angelico*, qui y passa sa vie de moine et de pieux artiste, et y dispersa partout,
dans les galeries, dans les cellules, dans le réfectoire, dans l'église, et jusque
dans les escaliers, les étincelles de son brillant génie ; on n'a pas seulement à
y voir les chefs-d'œuvre de l'autre moine inspiré, *Fra Bartholomeo della
Porta*, qui, sous l'habit de dominicain, y vécut dans les prières et le pinceau
à la main, pour y raconter aux yeux les splendeurs de ses visions célestes,
mais on a aussi une moisson à y faire, celle des souvenirs qui palpitent dans
tous les angles de l'édifice, et qui répètent à tous échos le nom d'un autre
moine *Savonarole*. J'essaierai, ailleurs, de dire quelques mots de cette
grande image d'un religieux inspiré, remuant toute une république par la
puissance de sa parole, et mourant dans les flammes d'un bûcher, comme un
vulgaire criminel, lorsqu'il était un saint méconnu.

A l'ouest de la ville, en se rapprochant du fleuve, et aboutissant d'une part à la longue ligne du chemin de fer Marie-Antoinette, comme aussi se rattachant à la place du Dôme par la large rue que vous voyez creuser un sillon entre les deux monuments, il est, sur la *Piazza Santa Maria Novella*, un autre couvent fameux, et une autre église non moins curieuse, église et couvent de Santa Maria Novella. Comprenez combien sont splendides les prodiges qui nous y attendent par les noms de leurs auteurs : *Ghirlandajo, Cimabue, Michel-Ange, Andrea Orgagna, Fra Angelico, Simone Memmi*, etc.

Cette Piazza Santa Maria Novella est fière de ses deux obélisques de granit que portent sur leur dos de larges tortues. C'est encore l'ouvrage de *Jean de Bologne*. Chaque année, cette place se tranforme en hippodrome, des estrades sont élevées dans son pourtour, et, au centre, avec les deux obélisques pour foyers d'une vaste ellipse, ont lieu des courses de chevaux qui attirent les amateurs, non-seulement de la Toscane, mais de l'Italie, de la France et de l'Angleterre. On appelle cette fête hippique la course des *Barberini*.

Enfin, à notre droite encore, presque sur le quai de Longo l'Arno, sur la rive orientale du fleuve toujours, et formant la façade de l'un des côtés de la *Piazza Santa Croce*, célèbre dans les annales de Florence, par les grands rassemblements populaires dont elle est le théâtre de temps immémorial, ce colosse qui domine le fleuve de la ville, est l'*église Santa Croce*, le Panthéon des grands hommes florentins.

J'aurais à vous montrer encore les flèches, les tours ou les coupoles de *Badia di San Benedetto*, de *Santa Maria Maddalena dei Pazzi*, de *Santa Maria Nuova*, et cette fine broderie de pierres qui a nom *Or San Michele*, splendide édifice gothique de 1284, et *San Simone*, et bien des palais, avec leurs créneaux et leurs tourelles, *Palazzo del Podesta, Palazzo Riccardi*, dans la Via Larga, *Palazzo Strozzi*, Via San Trinita, *Palazzo Capponi, Palazzo Corsini*, etc.

J'aurais même à vous signaler les frontons des théâtres, *Teatro della Pergola, Teatro Nuovo, Teatro del Cocomero, Teatro Leopoldo*, et, sur la *Piazza Santa Trinita*, en face du pont de ce nom, la colonne en granit oriental provenant des Thermes d'Antonin, à Rome, élevée par Cosme Ier, en mémoire de la victoire remportée, en 1557, sur les bannis florentins du parti populaire.

Mais il nous faut passer le fleuve del'Arno, et, là, voir d'un coup-d'œil rapide, car les rayons du soleil s'effacent, et la nuit tombe, les monuments de la rive gauche.

D'abord, je vous signale le premier de tous, *Palazzo Pitti*, cet édifice colossal, pélasgique, massif, que voici à nos pieds, là, au-dessous de notre plateforme de San Miniato. Quelle gigantesque construction, et comme elle sent bien son moyen-âge ! Elle fut la demeure des Médicis, elle est la résidence du grand-duc. Dire les objets d'art qu'elle renferme demanderait un volume.

Les délicieux *jardins de Boboli*, imitation lointaine de Versailles, qui accompagnent le palais Pitti, sont peuplés de statues : gardez-vous donc de prendre pour des fantômes ces blancheurs qui se profilent sur la verdure.

Quant aux nefs élancées qui se détachent en noir sur le ciel, ce sont, au centre, la *Chiesa San Spirito*, qui, brûlée à l'occasion des fêtes données en 1471, à Galéas Sforza, et à la duchesse, sa femme, en 1471, fut rebâtie par *Brunelleshi*, et ce nom vous en dit la beauté, l'élégance et la richesse.

Puis, à l'ouest du pont della Carraja, sur la *Piazza del Carmine*, la *Chiesa e Monasterio del Carmine*, dont la haute stature protége les maisons plus humbles de cette portion de Florence, et où quelques pieds de murs peints à fresque rayonnent dans le monde entier, et font vivre à jamais les glorieux noms de *Masalino da Manicale*, 1378-1415, *Pesaccio*, 1401-1443, *Filippino Lippi*, 1469, morts à la fleur de leur âge, et à l'apognée de leur sublime talent.

Enfin, au sud, *Santa Felicita*, etc., *San Niccolo*, etc.

Ce panorama monumental de Florence, entrevu à vol d'oiseau, mais trop confus, sans doute, vous donne-t-il à peu près la physionomie de la capitale du grand-duché de Toscane? Je le souhaite, Madame. Quoiqu'il en soit, agréez cette esquisse bien mal ébauchée, et puisse mon bon vouloir vous être agréable! Je ne puis la rendre plus parfaite, car les ténèbres nous environnent, et commencent à couvrir la vallée, le fleuve, la ville et les montagnes. Voici le gaz qui jaillit en flots lumineux dans les rues et sur les places, en même temps que les étoiles s'allument dans les cieux. Nous devons quitter San Miniato, et aller rejoindre notre Garisenda qui, sans doute, piaffe et s'impatiente de faire aux flambeaux son entrée triomphale dans la cité des Fleurs.

Peut-être, Madame, me demanderez-vous comment et pourquoi nous usions d'un cheval, quand, depuis Sienne surtout, nous avions un chemin de fer à notre disposition et que rien au monde ne rapproche les distances, comme un chemin de fer? Nous usions d'un cheval, Madame, parce-que cette façon de voyager a un côté pittoresque des plus intéressants : on peut aller, venir, cheminer où et comme bon semble ; parce qu'avec un cheval on est libre de son temps, de ses heures de départ, de ses heures de repos, de ses heures d'arrivée ; parce qu'avec un cheval on peut dormir à l'ombre, quand le soleil vous incommode ; on peut stationner sur la crête d'une colline et y crayonner le paysage de la vallée, le cours d'un fleuve, le revers d'une montagne, un lac, une forêt, une chaumière, un groupe de paysans, une tour, un vieux manoir, un site, tout ce qui vous sourit ; parce qu'avec un cheval on se transporte où l'on veut presque sans frais, et que, si le cheval vous a coûté 500 fr. au début du voyage, vous pouvez le revendre 400 ou 600 fr. à la fin, et qu'il se trouve alors que vous avez voyagé presque pour rien ; parce qu'un cheval est un ami, qu'il devient membre de votre famille, que vous l'aimez, qu'il vous aime, que vous lui parlez, qu'il vous répond, qu'entre vous et lui il y a échange de bons procédés et de ces façons d'être qui charment vos ennuis du voyage, toutes choses que l'on est loin de trouver dans un chemin de fer qui vous entraîne impitoyablement à travers les plus beaux aspects de la nature, sans que vous ayez le temps de les saisir ; dans une diligence où vous vivez en commun avec une foule de malotrus dont il vous faut subir les absurdes causeries ; dans une chaise de poste où, tous les quarts d'heure, l'insupportable voix du cocher vient vous réveiller en vous disant du ton le plus lamentable :

— *Postilione, signor ! Signor, postilione !*

Ce qui signifie : Videz votre bourse dans ma main, et je ne serai pas encore content !

Pauvre Garisenda ! C'était son dernier service qu'il allait nous rendre ! En effet, à la descente de San-Miniato, nous entrions dans Florence, nous dirigeant vers la Porte San-Frediano, à l'*Offizio, del Gaz.* J'ai là un mien neveu, de par les yeux noirs de Mathilde, l'une de mes nièces, qui lui ont fait subir leurs fourches caudines. Ce neveu, ingénieur anglais, fort habile, nous attend depuis un an. Dans son usine à gaz, les lumières ne nous manqueront pas, et sir William Perkvin sera notre cicérone. Mais comme nous tenons à reconnaître par anticipation les services que l'on peut nous rendre, nous avons conçu un projet, Emile et moi, dans ce noble but. Notre petit cheval est porteur d'une fort belle robe, bien luisante, sans plis ni rides ; notre équipage est de belle forme, et tout au plus a-t-il besoin de quelques accessoires pour y gagner un dernier relief. Or, pendant notre séjour à San-Miniato, on a joint ces accessoires au principal : on a décoré les harnais de Garisenda de houppes rouges, selon la mode florentine, et, dans cet état, tout en arrivant, à nos hôtes nous avons pu offrir le don de l'amitié reconnaissante, alors qu'on nous offrait les souhaits de bien-venue, et faire cadeau de notre bon cheval et de sa voiture à ma jolie nièce et à son mari. Nous savions à l'avance faire plaisir, car, de bonne source, il était venu jusqu'à nous que ce jeune couple désirait un cheval et son voiturin. De cette façon, Garisenda ne quittera plus la famille.

Hélas! toutes choses ont leur fin, Madame. Nous touchons au terme de notre voyage, et voici que je vous quitte. Mais je vous quitte dans l'espoir de vous serrer bientôt la main. Douce espérance! elle donne à mon cœur la force de prononcer ce mot : Adieu! Heureusement, à cette heure, ce mot signifie : A bientôt, au revoir!

Au revoir donc et à bientôt!...

VALMER.

A M. GAUDRY, ANCIEN BATONNIER DE L'ORDRE DES AVOCATS,
A PARIS.

Florence, 10 novembre 185...

A Florence, sur la Piazza del Duomo, adossé à la rangée de maisons qui regardent le chevet oriental de Santa-Maria del Fiore et le Campanile du *Giotto* qui lui fait face, il est un banc, un simple banc de marbre blanc, devant lequel l'artiste, le philosophe, l'historien, le touriste qui passent, s'arrêtent, saluent, et méditent pendant des heures entières... J'ai fait comme l'historien, le philosophe et le touriste, Monsieur; et, après avoir médité, j'ose me permettre de vous écrire et de vous confier les pensées rétrospectives que m'inspirent et ce banc, et Sainte-Marie de la Fleur qu'il regarde, et Florence tout entière qui l'entoure.

Une grande image m'apparaît assise sur ce banc. C'est un vieillard de moyenne stature et bien pris dans ses membres. Il a le visage long, les yeux larges et perçants, le nez aquilin, les mâchoires fortes, la lèvre inférieure avancée et plus grosse que l'autre, la peau brune, la barbe et les cheveux crépus. Il marche d'ordinaire gravement, vêtu d'habits simples, longue robe d'étamine avec camail tombant sur les épaules; il parle peu et attend qu'on l'interroge pour répondre, mais sa réponse est juste et concise, car il la pèse avec sagesse. Sans posséder une élocution facile, il est éloquent dans l'occasion. L'habitude de la méditation lui a fait contracter un maintien sévère, et cependant il est plein de cœur et bondira soudain à la pensée de soulager un malheur.

Cet homme, vous l'avez reconnu, Monsieur, c'est *Dante*, et le banc dont je parle, et sur lequel je vois son ombre, est le *Sasso di Dante*, le siége du Dante, c'est-à-dire le lieu précis où l'illustre poète venait, le soir, se reposer et méditer sur la place du Dôme.

Né à Florence, en 1265, et poète dès ses premiers ans, voulez-vous connaître sa généalogie? Ecoutez parler, dans le *Paradis*, l'esprit de son trisaïeul, *Caccia Guida Hisaï* : « Au milieu de ce repos dans Florence, de cette belle vie de citoyens, de cette concorde civique, de ce doux asile, Marie, la Vierge Mère invoquée à grands cris, aida à ma naissance, et dans notre antique baptistère je reçus le nom de chrétien. *Moronto* et *Elisco*, furent mes frères. Ma femme me vint du Val de Padoue, et tu lui dois le surnom d'*Alighieri* que tu portes. »

En effet, Caccia Guida Hissaï, de Florence, ayant épousé une jeune fille de la maison des Alighieri de Ferrare, joignit son nom au sien, et devint la souche des Alighieri de Florence, dont Dante fut la branche fleurie. Puis, Caccia suivit à la croisade l'empereur Conrad, qui l'arma chevalier; mais en combattant contre les Sarrasins, il perdit la vie et passa du martyre à la paix céleste.

Jeune encore, Dante fut confié aux soins de Brunetto Latini, et cultiva toutes les sciences connues de son temps. Adolescent, il perdit son père; mais alors il fut rendu à sa mère, qui avait nom *Bella*, et devint autant chrétien que gentilhomme. En ce temps, combien Florence était-elle agitée par les passions humaines qui dévoraient l'Italie? On ne peut mieux se le rappeler qu'au lieu même où en fut souvent témoin un des héros de l'époque : car Dante, avant d'être poète, s'était fait soldat, et soldat plein de vaillance et de magnanimité.

Que vous dirai-je, Monsieur, sur cette patrie du Dante, sur Florence, que vous ne sachiez déjà? Permettez cependant à un jeune homme qui débute dans la vie, et qui s'initie aux connaissances qu'elle donne de vous communiquer ses premiers essais sur l'histoire des peuples. Il y aura profit pour moi à voir un homme considérable s'abaisser jusqu'à ma taille pour me prêter l'oreille, et je vous devrai l'effort de chercher à m'élever jusqu'à vous. Votre complaisance du moment présent fera peut-être ma force dans l'avenir.

Florence remonte à une haute antiquité. Sans aucun doute elle doit son origine aux Etrusques de Fiesole, qui venaient commercer dans la vallée de l'Arno, en un champ semé de fleurs. Toutefois Florence ne sortit de son obscurité qu'à l'époque où Sylla, devenu dictateur de Rome, en fit une colonie romaine, l'embellit de thermes, de temples, de théâtres, d'aqueducs, et la rattacha à Rome par sa belle voie romaine, nommée *Via Cassia*, 81 ans avant l'ère chrétienne. Lors de la division de l'Empire Romain, en 395, *Florentia* était la principale ville de la Toscane. Elle devint alors la scène où se passèrent de grands événements.

D'abord *Stilicon*, le Vandale Stilicon, général et favori de l'empereur Théodose, qui avait épousé Serena, une nièce du prince, y battit *Radagaise*, chef des Germains, qui assiégeait la ville, après avoir répandu parmi les Subalpins la terreur et la mort avec une armée de deux cent mille barbares.

Ensuite *Totila*, roi des Goths, et *Narsès*, le général de Justinien Ier, s'en emparèrent successivement.

Puis vint *Attila*, à la tête de ses Huns, qui, s'en étant rendu maître, la dévasta et la réduisit en cendre.

Elle était à peine relevée de ses ruines, que les Lombards fondirent sur sa contrée comme sur une riche proie, et moins désireux de détruire que de conquérir un établissement durable, y nommèrent des ducs, et la gouvernèrent jusqu'à l'an 774.

Charlemagne ayant dompté les barbares, trouva Florence dans un état misérable; et il est glorieux pour nous, Français, de dire que ce fut à ce grand prince qu'elle dut sa reconstruction et son organisation. Il voulait, paraît-il, la rétablir sur le plan de Rome; tout au moins, à la prière du pape *Léon III*, lui donna-t-il plus de grandeur et de régularité qu'elle n'en avait eu jusqu'alors.

Sur ces entrefaites, le pape *Victor II* tint dans Florence, en présence de l'empereur d'Allemagne, Henri III, un concile qui réforma de nombreux abus. C'était en 1055.

Florence subit alors toutes les vicissitudes de ceux qui gouvernèrent successivement l'Italie. Ainsi les descendants de Charlemagne en furent d'abord les maîtres; puis les *Bérenger*, rois d'Italie; et enfin les empereurs d'Allemagne.

Ceux-ci avaient sous eux les ducs de Toscane, résidant à Fiesole, qui administraient héréditairement le territoire de Florence. Mais en 1010, le jour de San-Romolo, fête de Fiesole, les Florentins, profitant d'un de ces moments d'interrègne pendant lesquels les peuples jouissent d'une liberté presque complète, s'emparèrent de Fiesole, leur mère patrie, et la détruisirent en partie.

Alors commençait la querelle des investitures entre le Pape et les empereurs d'Allemagne. *Mathilde*, fille de Boniface d'Este, duc de Toscane, hérite du duché de Toscane, et mérite bientôt le surnom de *Grande Comtesse*. Dernière et unique héritière des margraves de Toscane, Mathilde s'initie toute jeune au patriotisme et à la piété. Azzo, son aïeul, a commis le crime d'appeler Othon-le-Grand en-deçà des Alpes, d'introniser la domination germanique en Italie : à elle la mission réparatrice, l'expiation nationale. Dieu lui a donné la force du corps en même temps que la beauté du visage : cette gracieuse et robuste femme, au teint viril, au bras vigoureux, ce sera, dès l'adolescence, le soldat de Dieu et de la liberté. Elle prend les armes à quinze ans pour ne les quitter qu'à sa mort, toujours la première aux mêlées, la dernière à déposer son épée victorieuse. A la cause qu'elle croit juste et sacrée, Mathilde prodigue tout, sacrifie tout, famille, serviteurs, richesses. Elle est à Canosse, auprès de Grégoire VII, participant au triomphe de la papauté et intercédant pour le vaincu. Et quand le grand Pape est, à son tour, humilié, abandonné, fugitif, sa « chère fille, » Mathilde est encore auprès de lui pour consoler se défaite, pour encourager sa persévérance. Si haut que parlassent en elle les voix réunies du patriotisme et de la religion, ce n'est pas sans scrupules qu'elle avait accepté la lutte contre l'empereur, « ce droit vivant du moyen-âge. » Elle avait longtemps plaidé la cause du prince égaré et malheureux, longtemps travaillé à le réconcilier d'une manière durable avec le saint Pontife qu'elle vénérait. Quand la perfidie de Henri IV lui eut été démontrée, cependant; quand il lui fallut voir en lui, non-seulement l'auteur d'un schisme déplorable, le fléau de sa foi et de son pays, mais un tyran immonde, une sorte de bête furieuse également fatale à l'Eglise et à l'Italie, alors toute hésitation disparait, toutes armes lui sont bonnes; elle poursuit dans son ennemi jusqu'à l'époux et jusqu'au père; elle lui enlève sa femme Praxédis, son fils Conrad; elle fait pour les successeurs un peu hésitants de Grégoire VII plus qu'elle n'a fait pour Grégoire lui-même, et on la voit entrer dans Rome à la tête de soldats, l'épée haute, pour y installer, presque malgré lui, un pape timide et découragé.

Bien longtemps les peuples tressaillirent au nom de cette grande Comtesse. Sa figure noble et attrayante parlait aux imaginations. Mathilde personnifiait la grâce immortelle de sa patrie. Elle fut la poésie de ces âges ternes et grossiers. On se la représentait toujours belle, d'un port majestueux et d'un aimable sourire. La tradition nous peint cette guerrière, cette âme vaillante, cette sainte, avec un visage ouvert et riant. Elle avait été auprès de Grégoire l'ange de la paix et des bons conseils, comme elle fut après lui l'Egérie armée de ses successeurs défaillants.

Elle légua ses états à l'Eglise, car elle voulait les donner à une mère. L'Eglise, c'était pour elle l'éternelle justice, l'humanité, l'amour, la maternité immense et tendre. Aussi Dante, le Gibelin, ce terrible ennemi qui exerça sur Rome et les siens toutes les représailles de sa haine, s'est arrêté devant la grande et chaste figure de Mathilde : il n'a point répété les invectives des contemporains; il n'a pas osé damner Mathilde, et, avec elle, tout ce qu'il y a de plus saint ici-bas : le dévoûment à Dieu et à la patrie.

Cependant, Mathilde ayant épousé Welphe, duc de Bavière, dont la famille devait être la souche de ce parti des Guelfes opposé aux Gibelins, l'un et l'autre causes des calamités de l'Italie, ce Welphe, en apprenant la donation de Florence et de la Toscane au Saint-Siége, abandonna sa femme et se jeta dans le parti de l'empereur.

Les Florentins qui n'aimaient pas le pouvoir allemand, approuvèrent la donation de la Grande Comtesse, et Henri V, étant venu assiéger leur ville, ils repoussèrent énergiquement les différents assauts qu'il essaya de livrer. Il était déjà dans l'instinct des Italiens de ne pouvoir subir le joug de l'Allemagne, comme il était dans la destinée des Subalpins d'épuiser leur substance au profit de ces odieux tyrans qui devaient s'appeler les Autrichiens.

Florence était alors devenue une cité fort importante. Villani, son historien, rapporte qu'une guerre étant survenue entre les habitants de Lucques et ceux de Pise, les Florentins, alliés de ces derniers, vinrent garder leur ville pendant une expédition maritime des Pisans. Bien plus, comme Pise était abandonnée aux femmes et aux vieillards, les Florentins campèrent aux portes de la ville, et défense fut faite aux soldats d'y entrer, dans la crainte que les Pisans n'eussent le plus léger sujet de plainte. On était alors en 1125.

Mais, en 1153, Frédéric Barberousse, empereur d'Allemagne, s'étant fait roi des Romains, nonobstant la donation faite par la grande comtesse Mathilde, donna à Guelfe d'Este l'investiture de la Toscane et des biens allodiaux de la comtesse. Puis, Philippe, successeur de Guelfe, fut maintenu dans cette possession. Heureusement Innocent III était arrivé à la papauté ; ce pontife revendiqua, les armes à la main, les domaines de Mathilde, et, aidé des Florentins, en reprit la plus grande partie.

En ces temps-là, Florence était gouvernée par six consuls chargés de toute l'administration civile et militaire, et par un sénat composé de cent membres. En outre, elle avait obligé les gentilshommes de son voisinage à se faire reconnaître pour citoyens florentins. Mais, disent les chroniques, les Florentins ne voulant pas qu'aucun de leurs citoyens fût chargé de la haine que pouvait exciter l'administration de leur ville, appelèrent un Podestat étranger auquel ils confièrent le pouvoir exécutif. *Gualfredotta,* de Milan, devint ainsi le premier Podestat de Florence, et fut logé dans le palais de l'évêque.

Cependant les deux factions allemandes des Guelfes et des Gibelins commençaient à diviser l'Italie. Le sang coulait sur tous les points. Pour se soustraire à l'autocratie tudesque, les principales villes de la Péninsule Italique levaient l'étendard de la rébellion, et, l'un après l'autre, se constituaient en républiques indépendantes. Pise, Sienne, Pistoie, Arezzo, donnaient l'exemple à Florence. Quand se forma la Grande Confédération, connue sous le nom de *Ligue Lombarde,* contre le despotisme des empereurs, Florence prit l'engagement de soutenir cette alliance, mais sans y mettre beaucoup de chaleur. C'est que déjà une division intestine commençait à se produire dans ses murs : Guelfes et Gibelins avaient leur parti dans Florence.

Voici quelle fut la cause de ce premier désordre :

Un jeune homme de la noble famille des *Buondelmonti,* fidèle à la faction pontificale des Guelfes, était fiancé à *Lucrezia,* gente fille de la maison des *Amidei,* très-attachée à la faction impériale des Gibelins. Mais soudain, entraîné par une passion nouvelle et malgré sa promesse, le bruit se répand dans la ville qu'il vient d'épouser une jeune personne de la famille des *Donati.* C'était, dit-on, l'une des plus belles patriciennes de Florence. En réalité, *Lucia Gualdrada,* de la maison Donato, était une de ces têtes blondes si rares en Italie, si rares que Raphël en a fait le type de ses admirables vierges. Mais si, au portrait que l'on fait de Lucia Donato, l'on peut comprendre le changement du beau Buondelmonte, les Amidei, de leur côté, bondissent

de fureur, et Lucrezia se prend à crier : Vengeance ! En effet, un matin au
lever du soleil, le jour même de Pâques en 1215, au moment où venait à
cheval de l'*Oltro l'Arno*, c'est-à-dire des quartiers de Florence, assis sur la
rive gauche du fleuve, notre gentilhomme, et à l'instant même où il quitte le
Ponte Vecchio pour descendre Longo l'Arno, subitement débouchent de la
via San-Trinita, plusieurs cavaliers qui se dirigent de son côté. Buondelmonte semble vouloir ignorer ce qu'on veut à sa personne : il salue même fort
courtoisement les cavaliers dont il reconnaît les deux premiers qu'il appelle
de leur nom, *Schazetto Uberti* et *Addo Arrighi*. Mais il achève à peine de leur
sourire que le manteau de Schazetto s'ouvre et que son bras armé d'une
masse de fer le frappe violemment à la tête. Buondelmonde, désarçonné du
coup, tombe sur le sol. Aussitôt Addo saute de cheval, se courbe sur sa victime, et du tranchant de sa dague lui ouvre les reins. A quelques pas de là se
trouve une statue de Mars, antique divinité païenne protectrice de Florence
que l'amour de l'art, inné chez les Florentins, laisse debout encore. Buondelmonti possède assez de force pour se traîner jusque-là ; mais il expire alors.
Des passants répandent bien vite dans la ville la nouvelle du meurtre dont ils
viennent d'être les témoins, et la foule accourt. Je vous laisse à penser le
deuil de la belle et jeune veuve, l'infortunée Lucia, et des Buondelmonti.
Florence est en émoi. Quarante-deux familles des plus considérables se font
Guelfes à l'instant même et jurent de venger l'innocent gentilhomme : chacune d'elle rassemble ses serviteurs et se compose une armée. De leur côté,
les Amédei, les Uberti, les Arrighi appellent à eux tous les Gibelins. Vingt-
quatre autres familles font un pacte avec eux et lèvent le drapeau des Gibelins. La guerre civile est allumée.

C'est alors que, dans Florence, on voit s'élever, d'ici, de là, dans les rues
les plus passantes, comme dans les plus détournées, ces palais qui, par la
lourde épaisseur et la puissance massive de leurs sombres murailles, affec-
tent la forme de citadelles formidables et de châteaux-forts imposants. On les
appuie de tours et donjons. Ils sont crénelés, renforcés de terrasses pour dominer l'assaillant, percés de meurtrières pour l'occire et l'écraser. C'est alors
enfin que la haine échevelée, furieuse, pantelante, rouge de sang, promène partout dans l'enceinte de la ville ses haches et ses torches. Aussi ce
long drame dure-t-il pendant trente-trois ans !

Cependant les Gibelins, numériquement plus faibles, ont recours à l'empereur, qui leur envoie seize cents lansquenets, Ceux-ci, introduits furtive-
ment dans Florence par une des portes que gardent les Gibelins, fondent sur
les Guelfes pendant la nuit de la Chandeleur de 1248, les déciment et les

forcent à quitter la ville. Alors trente-six des principaux palais sont mis à sec, démolis, et leurs tours rasées. Il en est un surtout qui domine le *Mercato Vecchio,* tout revêtu de marbres à une hauteur de cent vingt brasses; on le mine par la base et il s'écroule, comme un colosse, en couvrant toute la Piazza de ses débris.

Mais la mort de Frédéric II, qui arrive en 1251, produit une réaction. Les Guelfes sont rappelés et le parti populaire reprend son influence. Il est enjoint aux patriciens de réduire les tours de leurs palais à la hauteur de cinquante brasses. A ces conditions les Gibelins peuvent rester dans la ville. Ils se soumettent en apparence, et en réalité les voici qui ourdissent un complot que l'un d'eux trahit bientôt. Alors nouveau soulèvement du peuple. Emeutes, combats dans les rues, siéges des palais. Schazetto des Uberti, l'assassin de Buondelmonte, périt le glaive à la main. *Infangato* et un autre Uberto, saisis par une bande de plébéiens, sont écharpés sur la place du Vieux-Marché, et ceux des Gibelins qui échappent à la mort sont réduits à s'enfuir au plus vite et à se réfugier à Sienne qui leur ouvre ses portes..

Apparaît alors sur cette scène de luttes sanglantes, un *Farinata dei Uberti,* cœur fier et rude épée, qui s'adresse au roi de Sicile, Manfred. Ce prince, comme par dérision, lui envoie cent hommes d'armes. Mais pour Farinata, le point principal est de voir parmi les siens flotter la bannière de Manfred. C'est avec cette armée, renfermée dans Sienne, que le Gibelin prétend soutenir le siège, car les Guelfes de Florence poursuivent les Gibelins fugitifs et viennent placer leur camp devant la Porta Camullia, sous les murs de Sienne. Alors, un matin, après avoir gorgé ses soudards des meilleurs vins de Toscane, Farinata commande une sortie. Ce n'est pas un escadron qui sort de la ville, c'est une trombe vivante qui fond avec une telle violence sur les Florentins, qu'elle les met en désordre d'abord; mais peu à peu les Allemands de Manfred sont enveloppés. On les égorge tous : Farinata s'ouvre un chemin et rentre dans Sienne.

Aussitôt l'étendard de Manfred, souillé de sang, est traîné dans la boue, puis envoyé à Florence comme un trophée de victoire. C'est ce que voulait Farinata. Les armoiries impériales de la maison de Souabe, devenues un objet de dérision pour les Florentins! Cela veut du sang. Manfred, cette fois, fait marcher deux cents cavaliers au secours de Farinata.

De son côté, Florence reçoit des renforts de Lucques, Bologne, Pistoie, Prato, San-Miniato et Volterra. Son armée compte trois mille cavaliers et trente mille fantassins. Aussitôt dans la nuit du lundi, 3 septembre 1260, ces troupes s'avancent cauteleusement dans la direction de Sienne. Elles emmènent à leur suite le *palladium* de Florence, le fameux *Carroccio*.

Le Carrocio était une invention des Lombards, et les premiers à en faire usage avaient été les habitants de Milan, poussés par leur archevêque Eribert qui, voulant relever l'importance des communes, afin de s'opposer à la cavalerie des gentilshommes, s'en était servi pour la première fois contre Conrad-le-Salique. Ce char, c'était une voiture énorme, avec une couverture d'étoffe rouge, ou blanche, ou rouge et blanche, enfin de la couleur du drapeau de la ville à laquelle il appartenait ; il était traîné par trois paires de bœufs couverts d'une draperie de la même couleur. Au milieu s'élevait un mât supportant une antenne surmontée elle-même d'un globe doré, et au sommet flottait l'étendard de la ville. De ce mât tombaient des cordes que tenaient de robustes jeunes gens. Au dessous, un crucifix en bois semblait bénir l'armée de ses bras étendues. Enfin, à côté du Christ, était suspendue une cloche appelée *Nola*, et *Martinella* sur le Carroccio des Florentins. Elle sonnait pendant les batailles et servait à rappeler vers un centre commun ceux que la mêlée dispersait. Le Carroccio était entouré d'une garde composée de plus de quinze cents soldats d'élite et portant des hallebardes richement garnies. Les capitaines et les principaux officiers se tenaient à côté du Carroccio ; et il était précédé de huit trompettes et de plusieurs prêtres pour la célébration de la messe et l'administration des sacrements. On confiait la conduite et la garde de ce char à un vaillant général, et la justice se rendait à l'entour. C'était là aussi que l'on transportait les blessés et que se réfugiaient les soldats fatigués du combat ou obligés de céder. Bref, on mettait sur ce char la caisse militaire, la pharmacie et le butin. Il va sans dire que la perte du Carroccio dans une bataille était la plus désastreuse pour les vaincus. La guerre finie, on transportait le char dans une des principales églises de la ville. J'ajoute qu'une grande partie des villes indépendantes de l'Italie avaient un Carroccio. Maintenant le Carroccio ne sort plus que dans les fêtes d'apparat et comme un souvenir des temps passés.

Le matin du 4 septembre, l'armée florentine se trouva sur le *Monte-Aperto*, colline située à cinq milles de Sienne, vers la partie orientale de la ville, et en face de la cité qu'elle prétendait surprendre, car, Farinata, rusé comme un renard, avait eu commerce mystérieux avec les chefs de cette armée, et sous le prétexte de servir les Gibelins, dont il se disait mécontent, et de livrer aux Florentins, à Sienne, la Porte *San-Vito*, les avait attirés, à la tête de leurs soldats, dans un horrible guet-à-pens. Car la Porte San-Vito s'ouvrit bien devant eux, mais pour en laisser sortir treize cents combattants. Aussitôt Martinella de sonner la charge. Alors au moment où la mêlée s'engage, voici que par-derrière on entend s'approcher comme de sourdes vibrations de tempêtes. C'est la cavalerie de Manfred qui a tourné le Monte-Aperto, passé à gué la rivière *Arbia*, et qui prenant entre deux masses de troupes armées bien résolues les trente-trois mille Florentins, les taille, les perce, les décapite et les occit. Le sang qui coule à flots teint l'Arbia en rouge, selon l'expression de Dante : l'*Arvia colorata inrosso*. Le Carroccio, qui sonne en vain le ralliement, devient la proie du vainqueur : c'en est fait de l'armée florentine.

C'était en 1260. Le Carraccio devenu le trophée de gloire de Sienne, où j'ai vu, conservées très-religieusement dans la Basilique les antennes de son mât, et les Guelfes vaincus, les Gibelins rentrent dans Florence la menace à la bouche. Il est question de détruire la ville de fond en comble : mais Farinata s'y oppose. Toutefois les lois populaires sont abolies, et le souverain pouvoir de la République est remis aux mains de la noblesse, qui jure à Manfred foi et hommage.

La cinquième année de cette révolution impériale, naît, à Florence, l'enfant qui reçoit sur la terre le nom d'*Alighieri*, et celui de *Dante* parmi les anges du ciel. Il précède Pétrarque de quarante-quatre ans, car celui-ci reçoit le jour à Arezzo, en 1304, et Boccace de cinquante-trois ans, ce dernier entrant dans la vie, à Paris, en 1313.

Mais voici qu'un jour, en 1266, on apprend à Florence que Manfred, ce terrible appui des Gibelins, a été tué à la bataille de Grandella, et que son cadavre a été jeté aux poissons de la rivière Verde. Cris de joie parmi le peuple : illuminations, danses, fêtes de toutes sortes chez les Guelfes. *Guido Novello*, lieutenant de Manfred et podestat de Florence, ne pouvant compter que sur les quinze cents lansquenets qui forment sa garde, se rapproche du parti populaire, et fait venir de Bologne, pour les établir podestats à Florence, deux cavaliers, les frères *Gaudenti*, dont l'un est Gibelin, et l'autre Guelfe. Nonobstant ses efforts pour concilier les partis, les émeutes se succèdent, et Guido se voit contraint d'éloigner ses lansquenets et de se retirer à Prato.

Alors c'est au tour des Guelfes à triompher. Ils courent sus à Farinata dei Uberti, qui disparaît dans la tempête : le palais de sa famille est rasé jusqu'aux fondements, et on appelle huit cents cavaliers français, sous la conduite de Guy de Monfort, qui suffisent pour éloigner les Gibelins. Charles d'Anjou, roi de Naples, est déclaré seigneur de la ville pour dix ans; mais le gouvernement de la République reste entre les mains des citoyens.

Cependant le pape Grégoire X essaie de réconcilier les deux factions, qui depuis si longtemps ensanglantent la République Florentine, et il parvient à faire rappeler les exilés. L'administration est même confiée à un conseil composé de huit Guelfes et de six Gibelins. Puis, en 1282, six *Prieurs des Arts*, choisis parmi les corporations, sont investis du pouvoir exécutif et chargés de représenter la majesté de l'État. C'est à ce plus heureux moment que l'on construit le *Palais-Vieux*, dont les fondations sont jetées en 1298, sur les plans d'*Arnolfo di Lapo*. On le destine à servir d'habitation officielle à la seigneurie. C'est aussi dans cet intervalle de paix que les arts développent leurs prodiges, car on élève la célèbre et magnifique Eglise de *Santa Croce*, d'une part, et de l'autre, la non moins fameuse Eglise du Dôme, *Santa-Maria del Fiore*, et le *Campanile* merveilleux, qui font la gloire de Florence et l'honneur des deux grands artistes *Brunelleschi* et *Giotto*.

Florence a des ennemis ailleurs que dans ses murs. Tour à tour les Gibelins d'Arezzo, de Pise et de Bologne lui font la guerre, et alors elle envoie ses soldats repousser les attaques de ceux qui veulent envahir son territoire ou porter le fer jusque dans leurs foyers. Mais alors le plus ardent à la rescousse parmi les Florentins, et celui de ses enfants que l'on voit à la *Bataille de Campoldino*, en 1289, charger à cheval les Gibelins d'Arezzo, puis, dans la lutte contre les Pisans, monter le premier à l'escalade du château-fort de *Caprona*, en 1290, n'est autre que Dante Alighieri. Son union avec une femme de la famille Donato l'a jeté dans la faction Guelfe. Dante n'est pas encore poète, il est simplement soldat. Mais voici venir une fille d'Eve, un enfant de neuf ans, un ange au doux sourire, au salut gracieux, au salut si modeste et si noble qu'il rend muette la langue et fait baisser le regard, *Beatrice Portinari*, en un mot. Or cette fleur humaine, *Bice*, comme on la nomme dans une suave abréviation, Bice, vêtue de blanc et accompagnée de deux femmes d'un âge mur, Bice, exhalant la vertu comme les lis exhalent les parfums, va lui inspirer ses magnifiques sonnets, ses inimitables *Canzoni*. Alors l'homme qui ne connaît encore que l'épée du soudard, prendra la plume du rêveur. Déjà pour s'être distingué parmi les braves, Dante Alighieri, en 1300, est élu l'un des prieurs de la Magnifique République, c'est le nom que ses richesses et ses splendeurs ont fait attribuer à Florence. Aussi, envoyé quatorze fois en ambassade, quatorze fois ses missions l'ont couronné de gloire. Malheureusement il est dit que sa nouvelle dignité deviendra la cause de ses infortunes.

Par son conseil, les prieurs lancent une sentence d'exil contre les chefs de deux factions nouvelles, les *Blancs* et les *Noirs*.

Charles de Valois, troisième fils de Philippe le Hardi, frère de Philippe le Bel, et gendre de Charles II, roi de Naples, dont il a épousé la fille, Marguerite, vient à Florence avec huit cents cavaliers français, à la prière du Pape, afin d'y rétablir la paix trop souvent troublée. Les Florentins qui veulent bien ouvrir les portes de la ville à cet envoyé militaire, composent les partis des Blancs ; et les Noirs forment le parti qui le repousse. Dante a pris chaleureusement le parti des Blancs. Alors, les Noirs ayant mis au pillage les maisons de la faction opposée, celle de Dante n'est pas épargée. Au contraire, condamné le 27 février 1304, par la sentence du comte *Gabriel Gubbio*, podestat de Florence, à huit mille livres d'amende, à deux ans d'exil, et, dans le cas de non-paiement, à la confiscation de ses biens et à une proscription perpétuelle, Dante, qui ne veut pas se reconnaître coupable de la concussion prétendue dont on l'accuse, abandonne ses emplois, sa maison, ses biens, et sort de Florence, le bâton du pérégrinateur à la main. Aussitôt ses terres sont vendues, et on sème le sel sur l'espace que recouvrait sa demeure livrée à la fureur populaire. Lui-même, le pauvre poète, est brûlé en effigie sur la place du Palais-Vieux, à l'endroit même où, deux siècles plus tard, Savonarole sera livré aux flammes, et où, après six siècles, tombera goutte à goutte l'eau de la fontaine élevée par l'habile *Ammanato*. Mais laissons Dante gagner Sienne, se retirer à Vérone, aller à Paris, puis se réfugier à Ravenne : d'autres événements nous appellent.

Pendant cinq mois que Charles de Valois séjourne à Florence, six cents personnes sont ainsi condamnées à l'exil. En vain le pape Clément V veut réconcilier les partis, il échoue dans ses projets, et les Noirs, plus ardents encore à combattre les Blancs, les chassent de Bologne et de Pistoja. Les Noirs ou Guelfes résistent même à l'empereur Henri VII, en 1312, et lui ferment leurs portes ; puis enfin, un traité de pacification, conclu en 1317, entre les Guelfes et les Gibelins de Toscane, donne à Florence plusieurs années de repos dont elle a grand besoin. Chacun rentre en possession de ses domaines, et conserve les palais qu'il a conquis ; en même temps Florence s'embellit de monuments nouveaux, et les arts reprennent leur essor dans cette ville, qui semble créée pour être leur berceau et leur asile. C'est alors que *Pétrarque* commence à se révéler au monde par ses sonnets ; c'est alors que *Boccace* brille dans la société florentine, par toutes les saillies de son esprit heureux. C'est alors aussi que *Giotto* et *Brunelleschi* quittent la terre sur laquelle ils ont fait fleurir des prodiges ; et pendant que le talent de *Simone Memmi*, de Sienne, de *Spinello Spinelli*, d'Arezzo, d'*Orgagna* et de *Buffalmacco*, de Florence, de *Giotto*, et d'autres encore, revet le Campo-Santo de Pise de ses merveilleuses fresques, la Loggia dei Lanzi, Santa Maria Novella, et d'autres œuvres grandioses achevèvent de mériter à Florence le titre de Reine de l'Italie.

Nonobstant le paix jurée, *Castruccio-Castracani*, chef du parti Gibelin, à Lucques, conçoit le hardi projet de remettre Florence sous le pouvoir de sa faction, en 1320. Il s'ensuit une guerre acharnée qui se termine par la défaite complète des Florentins, en 1325. Aussi Castruccio s'avance jusque sous les murs de la ville et y célèbre des jeux sous le regard des habitants, afin d'insulter à leur puissance abattue. Mais il n'ose entrer dans la ville, et retourne à Lucques jouir de son triomphe.

Tout en subissant le joug du roi de Naples, à la mort de Charles, fils du roi Robert, duc de Calabre et leur seigneur, les Florentins modifient, à cette époque, la constitution qui les régit. La souveraineté reste tout entière à la nation, et toutes les grandes questions doivent être décidées par la volonté populaire, après avoir été mûries toutefois par les délibérations préliminaires de la magistrature et des conseils.

Cette fois le soldat est devenu poëte, Dante a quitté l'épée pour la plume. Florence, jalouse du talent de celui qui a reçu le jour dans son enceinte, prête une oreille curieuse. Elle entend parler d'œuvres sublimes, de pages immortelles. On lui vante la *Vita Nuóva* ; on parle surtout de la *Divine Comédie* qui chante le *Purgatoire*, le *Ciel* et l'*Enfer*. Les Florentins en obtiennent quelques copies. Ils admirent le génie de son auteur. Leur imagination est frappée de la fiction du poëte, racontant le sort des âmes après la vie terrestre ; plaçant dans l'enfer et le purgatoire tous ceux qui ne se sont signalés que par leurs crimes ou leurs vices, ceux surtout qui ont été les auteurs de ses maux, et dans le paradis ceux qui ont fait le bien ; feignant que *Virgile*, son poëte favori, l'accompagne dans les lieux bas pour lui nommer les réprouvés et lui décrire leurs supplices ; et enfin, se donnant pour guide dans le ciel, sa chère et douce Béatrice. Aussi revoit-on le décret qui a exilé le grand homme dont Florence commence à être fière. On le rappelle dans sa patrie bien-aimée. Enfin, on lui offre par la plume d'un moine de rentrer dans sa chère Florence, mais à la condition, de la part de la superbe République, qu'il fera plier sa fierté et se reconnaîtra coupable. Alors, lui dit-on, il paiera une amende, subira une cérémonie religieuse d'absolution, et sera rayé de la liste des bannis.

» Non, mon père, répond aussitôt le poëte, non, ce n'est pas là, pour moi, la voie de rentrer dans ma patrie ! »

Et, en effet, le noble exilé prive Florence de la gloire qu'elle pouvait se donner par sa générosité, et **Dante meurt à Ravenne**, près de Guido Novello qui l'a reçu dans ses bras.

Cependant aux dissentions intestines se joignent d'autres fléaux. Le 1ᵉʳ novembre 1333, une violente inondation de l'Arno fait aux fortifications de Florence une brèche large de cent trente brasses, et l'eau pénètre dans la ville, où elle porte le ravage et la mort.

Ensuite, en 1340, une horrible peste sévit avec violence et fait de nombreuses victimes. Le mal s'annonce par un saignement de nez ; puis sur le corps se forment d'horribles et infectes tumeurs. La maladie se manifeste ensuite par des taches noires et blanches, tantôt petites, tantôt grandes, mais toujours mortelles. L'art du médecin est réduit à l'impuissance. Après trois jours d'atroces souffrances, les victimes expirent, défigurées, les chairs se détachant des ossements. Il suffit de les toucher ou de frôler leurs vêtements, pour être atteint de la peste. Aussi délaisse-t-on les cadavres. Une indicible putréfaction se répand dans toutes les demeures. Bon nombre de gens s'isolent, s'enferment, se privent de tout, mangent à peine, et meurent cependant. D'autres citoyens, d'un système opposé, courent çà et là, boivent bien, mangent mieux encore, chantent, dansent, se réjouissent autant qu'on peut se réjouir, se divertissent, et cependant succombent comme les premiers, comme tous les autres. Hommes et femmes, pauvres et riches, magistrats, et simples particuliers, plébéiens et patriciens, sont fauchés par la mort, sans pitié, par milliers, à toute heure. Les prêtres seuls ont le courage de porter le secours de leur ministère aux infortunés qui vivent encore, aux malheureux que le trépas a saisis. Florence offre un tableau de désolation comme jamais ne put en offrir une ville décimée par le plus cruel des fléaux.

C'est dans cette situation critique que des jeunes gens et quelques dames sages et de bonne maison se rencontrent à la Chiesa di Santa Maria Novella, dans cette chapelle si merveilleusement peinte à fresque par *Simone Memmi*, où ils se sont réfugiés pour prier. Là, après s'être entretenus des calamités auxquelles Florence est en proie, ils proposent de se retirer tous ensemble à la campagne pour y fuir la contagion. Les préparatifs sont bientôt faits. Le lendemain, dès la pointe du jour, la caravane se dirige vers une charmante villa, qui a nom *Poggio Gherardi*, à une lieue à l'est de Florence. Là, ces jeunes gens ne pensent plus qu'au moyen de se distraire. Il est alors convenu que la bande joyeuse sera tenue de choisir chaque jour un roi ou une reine qui dressera le programme des fêtes, des repas, des concerts et des amusements de la journée, et enfin règlera l'emploi du temps, le genre et l'ordre des histoires à raconter. La société se trouvant composée de dix personnes, devant rester dix jours à la campagne, il suit de là que l'emploi de ces dix jours devient le prétexte d'un chef-d'œuvre, le *Décaméron*, auquel Boccace, le Florentin Boccace, donne le jour. Ce fut pour plaire à la princesse Marie, de la cour de Naples, où l'auteur l'y avait connue et aimée, que Boccace, pour écrire ces nouvelles, recueillit toutes les traditions et puisa à toutes les sources. Aussi, en parlant de cet ouvrage, M. Valery de dire : « Le génie poétique et littéraire de l'Italie se reposa tout un siècle, comme épuisé par le triple enfantement de Dante, de Pétrarque et de Boccace. »

A cette époque de calamités publiques et de désordres intérieurs, malgré les souffrances qui doivent en résulter, l'amour du plaisir et les moyens de le satisfaire sont loin de manquer dans Florence. Sa démocratie déploie des solennités dont le caractère annonce une civilisation douce et raffinée : ses fêtes de la Saint-Jean, patron de la ville, sont incomparables. Il semble que lassée de ses longues convulsions politiques, la cité n'aspire plus qu'aux jouissances et au repos. Les fêtes de mai surtout sont splendides et tout le monde y prend part. Les marchands, les artisans, les gens du peuple se forment en compagnies, s'habillent de vêtements de même coupe et de même couleur, adoptent les noms mythologiques de Cupidon, de Bacchus, de Pluton, qu'ils donnent à leurs cohortes, et des compagnies parcourent allégrement la ville avec des rires, avec des chants, avec des cabrioles, le tout exécuté au son des fanfares de musiques plus ou moins criardes. On se fait des cadeaux de robes, de surcots, de victuailles : on dîne, on soupe les uns chez les autres. En 1333, par exemple, il se forme deux légions d'ouvriers, la première dans la *Via Ghibellina*, et la seconde au *Corso dei Tintori*. Celle-ci, forte de cinq cents godelureaux, est tout de blanc vêtue ; celle-là, comptant trois cents rudes gaillards, est habillée de jaune. Alors, pendant un mois entier, ces gais compagnons vont ensemble, deux à deux, bras dessus bras dessous, par les rues, conduisant en triomphe le roi de la fête, couronné d'un diadème d'or, tandis que ses sujets, plus humbles, n'ont que des fleurs sur la tête. Sur les quais, sur les places, dans les carrefours, ils s'arrêtent, forment des groupes, dansent au bruit du tambourin et chantent des *canzonnette* amusantes, qui attirent le populaire autour d'eux et divertissent les manants qui passent et s'arrêtent. Certes ! pour se permettre de pareilles lacunes dans le travail et d'aussi longues excentricités, il faut que la population industrielle soit fort à l'aise.

Les familles patriciennes doivent surtout jouir de tous les dons de la fortune, car nous voyons les diverses villes de l'Italie obligées, à cette époque, de recourir à des lois somptuaires qui modèrent le luxe des vêtements et la dépense de la table, afin de prévenir la ruine de ces maisons. Ainsi Jean Villani, l'historien de Florence, nous dit, que « la raison et le bon sens des hommes demeurent vaincus par les appétits des femmes. » « En effet, ajoute M. Valery, dans ses Curiosités Italiennes, les économes maris florentins devaient être au supplice, car le prix des étoffes, en ces temps-là, paraît fort élevé. Une robe de soie et or est évaluée, dans un compte précieusement conservé, à cent florins d'or, c'est-à-dire, à douze cent cinquante francs. Un autre de drap soie et or, à petites fleurs, à soixante quinze florins, neuf cent trente-sept francs. »

A l'inverse des dames de nos jours, les dames florentines d'alors ne montrent point leurs cheveux ; mais elles se couvrent la tête d'un large réseau de soie blanche et jaune qui leur sied à ravir. Et, comme une loi somptuaire le leur interdit, elles profitent de l'arrivée de Robert, duc de Calabre, fils de Charles d'Anjou, en 1326, pour se le faire rendre.

Tel était alors le débordement du luxe, qu'un édit de Florence, en 1330, défend les parures d'or, d'argent, de perles et de pierreries. Il prohibe également les ornements de verre, de soie et même de papier peint. Deux bagues aux doigts sont autorisées, rien de plus. Pas de fichus décolletés. Les robes bariolées sont interdites aux petits garçons et aux petites filles. Les chevaliers et leurs femmes, seuls, peuvent porter des fourrures d'hermine. La table ne doit avoir que trois plats. On en tolère vingt aux banquets de noces, et cent aux réceptions de chevaliers. Mais ces édits, par trop sévères, tombent bientôt en désuétude, tant la coquetterie trouve de ruse et met de persistance à les éluder.

Vers 1342 les discordes intérieures et les guerres contre les cités voisines reprennent avec une nouvelle violence. Voici quelle en est la cause : Les *Vingt* citoyens qui composent en ce moment et depuis peu le gouvernement démocratique de la république, ont acheté de Mastino della Scala, seigneur de Vérone, la ville de Lucques. Mais, au moment où les Florentins vont en prendre possession, les Pisans arrivent de leur côté et en font le siége. Cependant les Florentins chassent les Pisans, entrent dans Lucques, et y établissent comme capitaine *Jean de Médicis.*

Première apparition dans l'histoire de ce nom de Médicis !

Revenus à la charge, les Pisans expulsent à leur tour les Florentins. Sur ces entrefaites, un Français, *Gaultier de Brienne, duc d'Athènes*, qui déjà, en 1326, a été en Toscane lieutenant du duc de Calabre, gouverneur pour Robert, roi de Naples, passe à Florence. Gaultier, né en Grèce, à la suite des croisades, mais d'origine française, petit de taille, de figure rebutante, d'un esprit caustique et faux, perfide de cœur et de mœurs dissolues, plaît cependant aux Florentins qui, le croyant ami du roi de France, chose dont il se vante, le voyant général au service de Naples, et le sachant duc d'Athènes, quoique son duché lui ait été enlevé par le roi de Sicile, l'invitent à servir de son épée les intérêts de la république dans la guerre de Lucques. Il accepte. On le nomme Capitaine de Justice.

Une fois maître du pouvoir, Gaultier fait trancher la tête à Jean de Médicis, parce qu'il n'a pas su défendre Lucques. Puis il ordonne des supplices, imprime une terreur inconnue à tous les partis, attire à sa cour les marchands avides de richesses, flatte le peuple et dénonce les Vingt à la vengeance des citoyens. Alors la ville tout entière est convoquée à un parlement sur la Piazza del Palazzo-Vecchio. Là, par ruse et par adresse, ses amis décident quatre familles de la lie du peuple à nommer le duc d'Athènes souverain à vie. En même temps, on fait tomber les armes de la Commune de Florence du faîte du palais, et au sommet du donjon flottent au vent les couleurs et le drapeau de Gaultier de Brienne.

— *Le Pèlerin est hébergé, mais il a pris un mauvais ostel !...* dit le roi de France, Philippe de Valois, à qui on apprend le succès de Gaultier.

Mais, se forment trois groupes de conspirateurs qui se réunissent bientôt pour l'exécution d'un seul et même complot, la mort du traître.

C'est le 26 juillet 1343 qui est fixé pour l'accomplissement du projet. Cette trame, à raison de l'heure choisie, s'appelle, dans l'histoire, les *Nones Florentines*. Au signal donné, quand sonne l'heure des Nones, les conjurés prennent les armes. Surpris dans le Palais-Vieux, le duc ne trouve pour le défendre, outre ses complices et ses gardes, que les quatre familles du peuple qui l'ont élu. Celles-ci, réunies à des bouchers et aux hommes les plus vils, se rendent sur la Piazza pour lui offrir leurs services. Cependant les Médicis portent les premiers coups. Ils ont à venger la mort de Jean. Aussitôt les dévoués du duc, voyant changer sa fortune, se joignent aux rebelles. La révolte devient formidable. Les conjurés ne veulent consentir à un accommodement qu'après qu'on leur a livré trois partisans de Gaultier. On leur jette avec eux le fils du tyran. Ce jeune homme n'a pas encore dix-huit ans ; néanmoins son âge, son innocence, sa beauté, ne peuvent le sauver de la fureur populaire. Ceux qui n'arrivent pas assez tôt pour frapper les victimes vivantes, ne se lassent pas de les déchirer mortes. On les déchiquette avec le fer, avec les mains, avec les dents, afin que tous les sens participent à la vengeance. Les conjurés ne s'arrêtent dans leur fureur qu'après avoir vu cesser les convulsions des cadavres. C'est un horrible tableau.

Cependant Gaultier s'échappe de Florence, se réfugie en France, et, peu après, se fait tuer, en 1356, à la bataille de Poitiers.

La colère des Florentins contre les Pisans ne s'est point refroidie : au contraire. La guerre reprend, et Florence ne se permet de repos que quand Pise est, sinon détruite, du moins soumise. Une des victoires qui concourent à cette soumission est celle de *Cascina*, remportée par *Galiotto*, à six milles de Pise. Dans cette mémorable journée du 28 juillet 1364, les Pisans perdent mille hommes tués et deux mille prisonniers. Ces deux mille prisonniers sont amenés à Florence, et on les y emploie à élever ce toit célèbre, sur la Piazza del Palazzo Vecchio, qui, de nos jours encore, du nom de ses artisans, est appelé le *Toit des Pisans*.

Le calme renaît un peu dans Florence. Mais, voici qu'en 1378, se forme une émeute nouvelle qui devient l'une des plus sanglantes. Les *Cardeurs de Laine*, sous le prétexte qu'on a violé leurs priviléges, courent aux armes, pillent les palais des nobles, et, conduits par Sylvestre de Médicis, un meneur bien adroit, cet autre Médicis! veulent produire une révolution dans la forme du gouvernement: Dans ce but, ils nomment Gonfalonier de la justice, *Mikaele Lando*, l'un de leurs chefs. Celui-ci divise la ville en trois classes, les *Arts Majeurs*, les *Arts Mineurs*, et les *Ciompi* ou *Compères*. Trois membres nommés par ces classes formeront la nouvelle Seigneurie. Mais cette constitution est modifiée peu après, car une autre seigneurie se compose seulement de Sylvestre de Médicis et de *Tommaso Strozzi*.

Arrivés au faîte du pouvoir, désormais les Médicis ne vont plus disparaître de la scène politique, et, par eux, Florence brillera bientôt d'un éclat incomparable.

Quelques historiens font remonter au XIIᵉ siècle l'origine de cette famille. Mais sa généalogie n'est bien constatée que depuis *Philippe de Médicis*, établi en 1250 à Fiorano. Les Médicis ne sont que simples trafiquants, de vulgaires marchands. Mais les richesses de cette famille, acquises par un commerce très-étendu, ses relations et ses qualités personnelles, l'ont placée déjà au premier rang de la bourgeoisie. Aussi les Guelfes n'entreprennent rien contre les Gibelins sans l'avoir consultée : de sorte que ces derniers méditent l'extermination des Médicis. Mais, battus par les Guelfes, ceux-ci amènent triomphalement à Florence la famille des Médicis, qui y obtiennent le titre de citoyens, et en y jouant convenablement leur rôle, comme nous avons vu faire à l'adroit Sylvestre, arrivent bientôt aux premières charges de la Magnifique République,

L'administration de *Sylvestre de Médicis*, puis de *Jean Iᵉʳ de Médicis* qui,

né en 1360, est nommé Gonfalonier, en 1421, est des plus favorables à
Florence, parvenu enfin à l'apogée de sa gloire. Les arts se développent, le
commerce prend une immense extension. D'abord, pour occuper l'esprit
léger des Florentins, les nouveaux maîtres rachètent à Enguerrand de Coucy
la ville d'Arezzo, dont il s'est emparé, moyennant quarante mille de ces
pièces d'or qui ont reçu le nom de *florin*, de Florence où on a imaginé et
frappé cette monnaie. Ensuite Galéas Visconti, qui règne à Milan, s'étant
brisé contre Florence, lui cède Tortone. Gênes lui rend Livourne, moyennant cent mille florins. Puis, pendant que de nouvelles lois somptuaires
interdisent aux citoyens les tables luxueuses et les pierreries, on construit
dans la ville de magnifiques églises, *Santa Annunziata*, et son cloître que
couvre de fresques splendides *Andrea del Sarto*; le *Couvent del Carmine*
que les admirables peintures de *Masaccio* rendent bientôt célèbre à jamais;
Santa Maria Nuova, que les plus fameux artistes enrichissent de leurs chefs-
d'œuvre; et dans les palais qui s'élèvent de toutes parts. *Palazzo Médicis*,
dans la Via Larga, demeure de l'illustre famille de ce nom; *Palazzo Pitti*,
au-delà de l'Arno, sur la rive gauche, et d'autres encore, des statues, des
meubles d'art, des tableaux sont placés avec prodigalité et forment le luxe
public. Aussi cette richesse de Florence détermine le Pape Eugène IV,
en 1459, à transporter dans cette ville le Concile jusqu'alors tenu à Ferrare,
et qui a pour but la réunion des églises d'Orient et d'Occident.

› Cependant *Cosme Ier de Médicis*, fils de Jean, naît en 1399. Elu Gonfalonier en 1431, par deux fois Cosme soulève le peuple contre lui, au point
qu'on l'enferme dans la *Tour Barberia*, le donjon du Palais-Vieux, d'où
son oreille peut ouïr le bruit des armes qui se fait sur la place, l'éternel
tintement du beffroi appelant le peuple à la *balie*, c'est-à-dire, à l'assemblée
de délibération, et où il craint, si on ne le fait mourir publiquement, qu'on
ne le frappe dans l'ombre. Aussi, passe-t-il quatre jours sans manger ni
boire, par soupçon d'empoisonnement. Mais il est chassé de Florence et
par deux fois rappelé. Enfin, le titre de *Père de la Patrie* lui est donné par
les Florentins, avec le nom de *Cosme l'Ancien*, pour le distinguer de
Cosme II, illustre comme lui. Il le mérite, car pendant que *Brunelleschi*
achève de bâtir ses églises, que *Donatello* produit au jour les plus belles
statues, qu'*Orgagna* fait sortir de terre ses admirables portiques, et que
Masaccio couvre les murailles des fresques les plus délicieuses, lui, le
Gonfalonier de Florence, donne l'ordre d'élever la splendide *Eglise de San-
Lorenzo*, et sa chapelle dont *Michel-Ange* achèvera la gloire en lui créant
ses groupes du *Jour*, de la *Nuit*, de l'*Aurore* et du *Crépuscule*. En même

temps il édifie le *Couvent de Saint-Marc*, où nous verrons bientôt le Dominicain Savonarole, qui reçoit le jour en ce moment, dans la ville de Ferrare; il construit le *Monastère de San Frediano*, sur la rive gauche de l'Arno, et enfin prodigue l'or pour achever le splendide *Palazzo Medici*, qui deviendra le *Palazzo Riccardi*, au coin des deux rues *Via Larga* et *Via dei Caldesei*, quand les Médicis auront acheté le Palazzo Pitti dont ils font leur demeure princière. En dernier lieu, il crée ou décore les villas de Carreggi, de Caffaggio, de Pratelino, de Tribbio, amoncelant partout les œuvres d'art, et fonde à Jérusalem un hôpital pour les pauvres pèlerins. Cinq cent mille écus sont employés à ces travaux, à ces dépenses; ce qui ne l'empêche pas d'avoir encore la bourse ouverte pour tous. Mais Cosme Ier de Médicis est si riche! Et puis, n'a-t-il pas en Europe seize maisons de banque en activité? Pourquoi donc le Gonfalonier de la Magnifique République se fait-il expulser par deux fois? C'est que les supplices, les proscriptions et d'autres crimes secrets, dont on parle tout bas, ne lui coûtent pas plus à commettre, que les ducats à donner. Aussi, les fiers républicains de Florence, qui ne sont pas encore habitués à l'esclavage, se révoltent. Mais il sait leur donner des leçons de soumission, car il continue son système d'administration et ne craint pas de dire :

— J'aime mieux dépeupler Florence que la perdre !

Cassé, impotent, n'en pouvant mais, avec un seul fils pour appui, un seul ! avant de mourir, il se fait porter dans les salles immenses de son palais remplis de richesses de tout genre, mais vides d'enfants, et s'écrie :

— Voilà une bien grande maison pour une si petite famille !

Il meurt, en 1460, et, le premier des Médicis repose dans la splendide Chiesa di San-Lorenzo dont il a doté Florence. Sur son tombeaux le passant lit cette honorable, mais simple épitaphe

> COSMUS DE MEDICIS *hìc situs est*
> *decreto publico* PATER PATRIÆ.
> *Vixit annos* LXXV

Pierre Ier de Médicis lui succède dans sa charge de Gonfalonier et hérite de ses trésors. Unique fils de Cosme, presque sans valeur, toujours malade, il sait toutefois exciter le mécontentement de quelques patriciens qui conspirent contre lui. On se met en embuscade pour l'assassiner, un soir, à son retour d'une promenade qu'il fait hors de la ville. Pierre est porté dans une molle litière. Laurent, son fils, l'accompagne à cheval. Mais, le grand air fatiguant le malade, Laurent donne ordre à l'escorte de son père de prendre un chemin très-court pour le rentrer au palais. Quant à lui, continuant la promenade, il rencontre et devine les conjurés. Alors, interrogé, le jeune homme laisse croire que le Gonfalonier le suit à distance et va passer à son tour. Puis, il pique des deux, court en toute hâte au palais Médicis, cache son père, et fait arrêter sans retard les nombreux conjurés. Néanmoins, le pardon est promis à ceux qui témoigneront du repentir, l'exil sera la punition des autres. *Luc Pitti*, chef de la conjuration, donne l'exemple, et le calme renaît autour des Médicis. Mais Pierre, sauvé du danger, meurt peu après, n'obtenant pour toute gloire que le triste surnom de *Pierre-le-Goutteux*.

Il est remplacé au pouvoir par ce jeune fils qui a eu le talent de sauver son père, *Laurent Ier de Médicis*.

Né le 21 Janvier 1448, Laurent a vingt et un ans quand il prend en main le gouvernement de Florence. Il n'en mérite pas moins bientôt le titre glorieux de *Laurent le Magnifique*, car il imite, dans son opulente générosité, comme dans son goût pour les arts et la littérature, Cosme Ier, son aïeul. Sa mère, *Luccrezia Tornabuoni*, a traduit en vers élégants une partie des livres sacrés : c'est dire qu'avec le *lait* Laurent a sucé le *beau*. Il n'y a point là de calembourg, et honni soit qui mal y pense ! Le jeune Gonfalonier prend pour épouse *Clarisse*, de la grande famille *des Ursins*. Il en a trois fils : Pierre, qui lui succèdera; Jean, qui sera un jour pape, sous le nom fameux de Léon X, et Julien, duc de Nemours et Gonfalonier des États de l'Église. On dit Laurent de Médicis le meilleur écuyer de son temps. Toute la jeune noblesse de Florence et de l'Italie entière accourt à ses tournois, à ses carrousels, et il y étale une splendeur vraiment royale. Sa modestie, son dévoûment à la république, sa déférence aux conseils des anciens et des notables, lui concilient l'estime et l'affection des Florentins. Il aime les lettres, les cultive et se montre protecteur des savants et des grands artistes. On voit à sa cour *Ange Politien*, un helléniste fameux, *Pic de la Mirandole*, l'homme universel qui écrivit le célèbre ouvrage *De omni re scibili*; Michel-Ange, qu'il traitait comme un fils, qui habitait son palais et qui produisait les chefs-d'œuvre que l'on voit à San-Lorenzo. Et cependant, des complots à l'intérieur, et, au dehors, les attaques des princes voisins, troublent souvent sa vie noble et généreuse.

C'est que l'élévation rapide des Médicis a surexcité la jalousie des anciennes familles patriciennes de Florence. Les *Pazzi* surtout ne dissimulent pas leur haine. Cosme Ier a pu croire réconcilier les deux familles par une alliance : il a marié sa petite fille avec Guillaume Pazzi. Ce raprochement établit, en effet, entre les Médicis et les Pazzi des relations de tous les jours ; mais il contraint les fiers patriciens à être témoins des honneurs dont jouissent exclusivement les anciens trafiquants plébéïens. Puissants par leur nombre et leurs richesses, assurés de l'appui de la vieille noblesse de la ville, déterminés à ne reculer devant aucun moyen de corruption ou de violence pour parvenir à leur but, les Pazzi n'ont encore arrêté aucun plan pour l'atteindre, lorsque Laurent croit devoir, pour sa sûreté personnelle, et celle de son frère, car il a un frère du nom de *Julien*, les exclure des charges de la république. Cette circonstance nouvelle met le comble à l'exaspération des Pazzi. Assurés de l'appui de quelques souverains d'Italie, les voici qui ourdissent, à Florence même, une conspiration avec *Monte-Secco* et *Bernard Brandini*, deux généraux appartenant aux États romains. L'assassinat des deux Médicis est résolu. L'exécution en est fixée au dimanche 26 avril 1378. Il est convenu que l'église Sainte-Marie de la Fleur sera le théâtre du drame, et qu'au moment le plus solennel de la messe, l'élévation de l'hostie, Monte-Secco frappera Laurent de Médicis, tandis que François Pazzi, le chef de la famille, et Bandini poignarderont Julien. En même temps *Salviati*, un autre des conjurés, devra se rendre maître de la Seigneurie, le Palais-Vieux, avec une troupe de gens déterminés, sonner le tocsin au beffroi, et s'emparer de la personne du Gonfalonier, *César Pétrucci*.

Mais, au moment d'aller au rendez-vous, Monte-Secco, cédant à ses remords, refuse d'assassiner Laurent. Alors François Pazzi le remplace par *Antoine de Volterra*, une sorte de bravo, et *Etienne Bagnioni*, un professeur qui enseignait le latin à la fille de Jacques Pazzi.

Laurent est déjà dans le sanctuaire de Sainte-Marie-de-la-Fleur, quand les conjurés y arrivent et se placent derrière lui. Mais Julien est absent, retenu dans le palais Médicis par une violente douleur à la jambe. Pazzi et Bandini se rendent aussitôt près de lui, l'accablent de caresses et de prévenances, et enfin le déterminent à les suivre à l'église. Chemin faisant, Pazzi lui presse la taille de bonne amitié en apparence, et en réalité pour s'assurer s'il n'a pas la cuirasse dont on raconte qu'il ne se sépare jamais. Julien est sans cuirasse. Les trois jeunes gens entrent dans le Duomo par la porte qui s'ouvre sur la Via dei Servi, au moment où le prêtre dit l'Evangile. Julien pénètre dans le sanctuaire et s'agenouille auprès de Laurent. Les conjurés se mettent à leur poste, et la messe continue. Le moment convenu arrivé, François

Pazzi et Bandini se précipitent avec fureur sur Julien, lui portent plusieurs coups de poignard, le roulent à terre dans son sang, et s'acharnent encore sur lui qu'il n'est déjà plus qu'un cadavre. Pazzi frappe avec une telle violence qu'il se blesse lui-même à la main. Laurent est attaqué en même temps par les condottiere Volterra et le professeur Bagnioni ; mais ils ne lui portent à la gorge qu'un coup mal assuré. Protégé par des amis qui l'entourent, Laurent s'échappe du sanctuaire, court et parvient à se réfugier avec eux dans la sacristie qui est à la droite du chœur, en regardant l'autel.

A la vue du corps sanglant et défiguré de Julien, et en apercevant la blessure béante au cou de Laurent, qui s'enfuit, le peuple qui assiste au saint sacrifice, indigné du double crime de meurtre et de profanation, poursuit partout les assassins et leurs complices. François Pazzi se sauve inutilement dans son palais : la foule exaspérée enfonce les portes, pénètre dans l'appartement, l'arrache du lit dont il a fait son asile, et le conduit au Palais-Vieux. Mais, là aussi se passe une scène de désordre. Au moment de l'élévation, la cloche de Sainte-Marie-de-la-Fleur a sonné. Celle du Palais-Vieux, à ce signal, fait entendre le tocsin. Aussitôt Salviati, qui s'est rendu maître de la porte, pénètre à l'intérieur et veut arrêter César Petrucci, le Gonfalonier. Mais Petrucci devine son projet, et fait main basse sur lui. Or, la fuite du prêtre, emportant de l'autel, voilé par ses vêtements, le Dieu de paix que l'on rend témoin d'un sacrilège, met en tel émoi les fidèles de Sainte-Marie-de-la-Fleur, qu'ils poursuivent les assassins les uns, mais les autres, au son du tocsin, courent au Palais-Vieux, et, voyant Salviati entre les mains des hommes d'armes du Gonfalonier, s'en emparent en racontant ce qui se passe dans la cathédrale, et le pendent incontinent à l'une des fenêtres du premier étage de la Seigneurie. Le cadavre de Salviati s'agite encore dans les convulsions de la dernière agonie sous les yeux de la multitude pantelante, que survient la bande du populaire qui a poursuivi François Pazzi, et, l'ayant tiré du lit sur lequel il s'est jeté en perdant tout son sang, l'amènent bruyamment à la Seigneurie, avec force huées et clameurs. Alors on détache le corps palpitant de Salviati de la fenêtre qui lui sert de gibet, et on y attache par le cou l'infortuné Pazzi.

Cependant Laurent demeure enfermé dans la sacristie, gardé par des amis dévoués. Toutefois, après un long temps, il monte par l'escalier de l'orgue jusqu'à une fenêtre d'où il voit l'intérieur du Dôme vide, à l'exception de quelques-uns de ses partisans qui l'attendent, et du cadavre de son frère près duquel pleurent des femmes. Il sort, reconduit dans son palais de la Via Larga par l'escorte que lui forment ses partisans. Là, sous le prétexte qu'il est en deuil de son frère mort, il laisse faire ses amis. Ceux-ci recherchent tous les Pazzi et les égorgent ou les pendent. La pendaison était à la mode en ce temps-là. Puis Bernard Bandini, Volterra, le maître d'école Bagnioni ont leur tour. Monte-Secco lui-même, nonobstant son refus du meurtre, est décapité. Enfin, tous ceux des conjurés qui n'ont pas été tués dans le tumulte, ou qui se sont enfuis à la campagne, sont condamnés à mort et exécutés sur la Piazza del Palazzo Vecchio.

Laurent continue donc de tenir les rênes du gouvernement de Florence. Rien ne vient même plus troubler son repos ; rien, si ce n'est un moine, un simple moine. Mais ce moine a nom Jérôme Savonarole.

Jérôme Savonarole naît à Ferrare le 21 décembre 1452, de Nicolas Savonarole, et d'Elena Buonaconi. Il est le petit-fils de Savonarole, chevalier de Rhodes, puis médecin, dont les livres ont fait bruit au xive siècle. Dès son enfance on remarque dans Jérôme un caractère grave et des dehors austères. Il rêve une nuit qu'il est exposé nu dans une campagne, et qu'il tombe sur lui une pluie d'eau glacée. Il se réveille, déclare que cette pluie a éteint à tout jamais les passions de son cœur, et le 24 avril 1475, sans en dire mot, même à sa mère, il s'enfuit à Bologne, et y prend l'habit de Saint-Dominique. Peu après, renvoyé de Bologne, parce que rien ne fait deviner son talent, il arrive à Florence et y prêche un Carême dans la Chiesa San Lorenzo. Mais à raison de son peu de succès, frère Jérôme Savonarole se retire dans un couvent de Lombardie. Puis, voici que Laurent de Médicis le rappelle à Florence, car Pic de la Mirandole, le savant par excellence, à travers son apparente médiocrité, a deviné en lui l'homme de génie.

Le couvent de Saint-Marc, à Florence, s'ouvre devant Fra Savonarole : il en devient le prieur. Mais Laurent de Médicis choque bientôt le regard du jeune dominicain. Celui-ci voit trop clairement que le Seigneur de la République, par goût plus encore que par politique, corrompt les mœurs de ses concitoyens : Florence est constamment en fêtes, en jeux, en plaisirs, en spectacles. On y lit partout des poésies licencieuses. Les prodigalités de Laurent appellent une foule de gens dangereux et pervers. Savonarole s'émeut. Il prend la parole. Ses prédications appellent un tel concours d'auditeurs, qu'on doit lui livrer le Dôme, comme l'église la plus vaste. Mais le Dôme ne suffit pas encore. On est obligé d'y construire des galeries pour contenir un plus grand nombre de gens du peuple qui affluent de toutes parts. Bien plus, chaque fois que Savonarole se rend du couvent de Saint-Marc au Dôme, et du Dôme à Saint-Marc, les rues qu'il suit sont emcombrées d'une telle foule qui veut le voir, le presser, lui baiser le bas de la robe, qu'on est contraint de lui donner une garde.

Savonarole choisit surtout l'époque du Carème pour tonner contre les tendances mondaines. A sa voix, chacun se hâte de venir amonceler sur les places publiques tableaux, statues, livres, bijoux, vêtements de brocart et habits brodés. Alors ce moine, suivi d'une foule nombreuse, chantant des hymnes pieuses, sort de Sainte-Marie-des-Fleurs, une torche à la main, et va de piazza en piazza allumant tous ces bûchers, renouvelés chaque jour et chaque jour dévorés.

C'est dans un de ces brasiers que *Fra Bartholomeo* vient un jour jeter ses pinceaux anacréontiques et ses toiles impures, qui jusqu'à ce moment ont détourné son génie de la voie sainte. Converti au Seigneur, Fra Bartholomeo s'enferme aussi dans le couvent de Saint-Marc, se couvre de la cucule du dominicain, et, comme Fra Angelico, dans les ardeurs de l'amour divin, y produit des chefs-d'œuvre qu'y admirent l'artiste et le voyageur.

Cependant le nouveau prieur de Saint-Marc devrait aller présenter ses hommages à Laurent de Médicis, comme chef suprême de la République. Laurent fait savoir à Savonarole qu'il l'attend. Mais Savonarole répond à tous qu'il est prieur de Dieu, et non pas de Laurent. En outre, il ne cesse de faire entendre du haut de la chaire les paroles de vérité qui doivent exciter la haine et le mépris contre l'usurpation des Médicis. Et, telle est l'éloquence et la force du prédicateur inspiré, que Laurent, tombé malade, veut être confessé, administré, exhorté par Savonarole à ses derniers moments. Savonarole se rend alors au palais de la Via-Larga; mais à Laurent, qui refuse de renoncer au pouvoir dont il s'est emparé, le Dominicain refuse l'absolution que le Médicis demande.

C'est en vain que *Pierre de Médicis*, fils de Laurent, frère du prince Jean qui devient Léon X, est fils et frère de deux hommes qui méritent le surnom de *Magnifiques;* c'est en vain qu'il hérite de l'incomparable collection de pierres précieuses, de camées antiques, d'armes rares, et de curieux manuscrits des Médicis, il n'en est pas moins surnommé dans l'histoire *Pierre l'Imbécile.*

En effet, partisan du roi de Naples dans la guerre que la France fait à ce prince, et n'étant point tenu à une sévère neutralité, Pierre refuse à Charles VIII le passage sur les terres de Toscane. Charles arrive les foudres à la main. Aussitôt le faible Pierre, effrayé, signe un traité par lequel non-seulement il ouvre honteusement les portes de Florence à Charles VIII, mais il lui livre Sarzane, Pietra-Santa, Pise et Livourne, et s'engage à payer deux

cent mille ducats. Charles VIII, alors, entre à Florence en vainqueur, monté
sur son cheval de bataille, la lance au poing, la visière baissée. Il traverse
ainsi toute la ville, depuis la Porte San-Frediano, jusqu'au palais des Médicis. Mais il n'y trouve plus Pierre que le peuple a chassé la veille. Il y rencontre la Seigneurie de la magnifique République, et à la tête de la Seigneurie, un moine. Ce moine est le dominicain Savonarole.

Quand Charles VIII se montrait à l'horizon, menaçant de passer sur Florence avec tout le poids de sa colère, Savonarole lui avait été député pour lui
annoncer la victoire s'il rendait la liberté à Florence, et des revers s'il la laissait sous le joug. Le roi de France, dans ce moine faible et souffreteux, ne
vit rien qu'un ambassadeur mal choisi, et passa outre, arrivant à Florence
pour ne pas s'inquiéter de ses souffrances, et se rendant à Naples, l'objet de
son expédition.

Mais quand il retrouve Savonarole dans le palais Médicis désert, qu'il entend Savonarole lui parler au nom de la République et refuser de signer l'o-
dieux traité de Pierre, le roi prend le moine plus au sérieux. Il l'apprécie
davantage encore plus tard quand, au souvenir de sa prédiction, il se voit
contraint de quitter Naples mal vaincue, et de s'ouvrir, l'épée à la main, un
chemin jonché de cadavres, à la bataille de Fornoue, sur le Taro, pour retour-
ner en France.

Charles VIII parti, et Pierre l'Imbécile mort dans l'exil, noyé à l'embou-
chure du Garigliano, près de Gaëte, Florence redevient libre, car la Magnifique République n'a plus de maître. Ses concitoyens respirent enfin. Il y a
bien encore quelques restes du vieux levain des anciennes discordes. On se
bat, on escarmouche de ci de là certains jours. Mais enfin Florence est libre!
Hélas! elle ne jouira pas longtemps de cette liberté si douce qui lui est à
peine donnée comme un repos.

Un Borgia règne à Rome sous le nom d'Alexandre VI. Sous le prétexte
d'hérésie, Savonarole est censuré. On lui défend de prêcher ; on menace
Florence d'interdit. La colère de ce Borgia s'accroît de la réformation des
mœurs qui, en toute vérité, s'opère dans Florence, où l'enthousiasme pour
Fra Savonarole force d'ajouter des galeries dans les églises où il prêche, tant
y est grande l'affluence. Mais les ennemis du bien s'agitent. Une conspiration d'hommes tarés se prépare dans l'ombre, et veut rappeler les Médicis.
Savonarole, passionné jusqu'à la violence pour le bien qu'on lui dispute, dé-
couvre le complot, et a le tort de faire périr les conjurés. Aussitôt le Dominicain est excommunié, et on refuse même la sépulture à ceux qui assistent à
ses sermons.

Alors le 17 avril 1498, le plus étrange spectacle est offert à la ville de Florence. Un bûcher de quarante pieds de long est dressé sur la place du Palazzo Vecchio, et se présentent un Franciscain et un Dominicain pour le traverser enflammé, l'un, prêt à soutenir que Jérôme Savonarole possède l'esprit prophétique, l'autre prêt à prouver le contraire. C'est le *jugement de Dieu*. Heureusement une pluie violente disperse la foule avide, et éteint le bûcher.

Cependant la réaction a lieu, Savonarole perd tout son prestige. L'amour du peuple se change en fureur. S'exposant aux injures et aux menaces, le moine prend congé d'un petit nombre de fidèles le lendemain de ce jour, et reste désormais enfermé dans son cloître. Mais le même soir, la plèbe entoure le couvent de Saint-Marc, il veut arracher le religieux de sa cellule. On ne le trouve pas, mais la populace pille le monastère et massacre ses partisans. Alors la Seigneurie met fin à ce désordre en ordonnant aux Dominicains de livrer les frères Savonarole, *Dominique di Pescia* et *Sylvestre Maruffi*, celui-ci son ami, celui-là son champion dans l'épreuve du feu. On les accable tous les trois d'outrages de tout genre ; on les conduit en prison. Leur procès s'instruit sans retard. Aussitôt commence une lutte horrible entre la faiblesse physique de Savonarole et la force de sa volonté. Dans les douleurs de la torture, il fait les aveux qu'exigent ses accusateurs : détaché de l'estrapade, il se rétracte. Enfin, le 23 mai 1498, sur la même place, et au même endroit de la même place où, cinq semaines auparavant, devait avoir lieu le jugement de Dieu, un second bûcher s'élève, et au milieu du bûcher trois poteaux se dressent, et à chacun de ces poteaux est attaché, fixé par des chaines, un Dominicain, dans le costume de son ordre, mais pâle, et les yeux levés au ciel. Ce sont les frères Jérôme Savonarole, Dominique di Pescia et Sylvestre Maruffi. Déjà le moine et ses disciples sont enveloppés de flammes qu'on peut ouïr encore l'hymne saint qu'ils chantent en chœur. Enfin Savonarole expire, comme il a vécu, si parfaitement détaché de la terre, que le supplice du feu ne lui fait pas pousser un seul cri.

Chose étrange ! le peuple battit des mains à sa mort... Mais à peine fut-il réduit en cendres, que ce même peuple qui toujours avait trouvé en Savonarole un consolateur et un ami, comprit que cet ami, ce consolateur lui manquait. Un an après, et à chaque anniversaire qui suivit, le lieu de la place du Palais-Vieux où s'était consumé ce bûcher se trouva couvert de fleurs. Savonarole n'était pas mort : il vivait dans les cœurs. Il fallut qu'un Médicis, Cosme II, ayant à sa disposition un artiste fameux l'*Ammanato*, élevât une fontaine à cette même place du bûcher, pour ôter au peuple l'idée d'y déposer des couronnes. C'est la fontaine de Neptune qui occupe ce lieu sacré.

La mort de Savonarole le réhabilite dans l'opinion publique, comme nous venons de voir, Monsieur : on se flatte même d'avoir sauvé quelques-unes de ses reliques, bien que ses cendres aient été jetées dans l'Arno. Toutefois on oublie l'une de ses prédictions, et cependant cette prédiction s'accomplit. C'est le retour des Médicis dans Florence, et la perte de la liberté.

Julien de Médicis, troisième fils de Laurent le Magnifique, qui a partagé l'exil de son frère, Pierre II, est ramené à Florence, et placé à la tête du gouvernement par le pape Jules II, en 1512. Mais dès l'année suivante, il se démet en faveur de son neveu Laurent II. Alors, après avoir épousé une tante de notre François Ier, et reçu, à cette occasion, le titre de duc de Nemours, il meurt en 1516, laissant un seul fils naturel, Hippolyte de Médicis, qui devient cardinal.

Laurent II de Médicis lui succède. Ce Médicis est fils de Pierre II, et a suivi également son père en exil. Mais, revenu avec son oncle Julien, il prend à sa place, en 1512, les rênes du gouvernement de la République Florentine. Mal inspiré par Léon X, son pouvoir est celui d'un tyran, et sa hauteur dédaigneuse le rend odieux à la noblesse comme au peuple de Florence. — Il est le père de *Catherine de Médicis*, qui devient reine de notre France, et d'Alexandre de Médicis, que nous verrons bientôt ceindre la couronne de duc de Toscane.

Laurent II mort et enseveli dans le tombeau que lui sculpta Michel-Ange, où l'artiste le représente dans une attitude méditative, qui a fait donner à sa figure le nom de *il Pensiero,* le penseur, le rêveur, à San-Lorenzo, le Saint-Denis des Médicis, il ne reste plus du sang de Cosme Ier, appelé aussi *Cosme l'Ancien,* que trois bâtards : Hippolyte, fils naturel de Julien ; Jules, fils naturel de Julien, la victime des Pazzi, dans le Dôme, et Alexandre, fils naturel de Laurent II.

Il advient qu'autant la race des Médicis de la branche aînée est en honneur d'abord à Florence, autant elle tombe à cette heure dans le mépris. Aussi les Florentins n'attendent-ils qu'une occasion pour chasser Alexandre et Hippolyte. Le sac de Rome par les soldats du connétable de Bourbon, et l'emprisonnement de Clément VII, oncle des Médicis, dans le château Saint-Ange, leur offrent cette occasion qu'ils cherchent. Pour la troisième fois, les Médicis reprennent donc le chemin de l'exil.

Malheureusement voici venir de l'Espagne le terrible Charles-Quint, maître du monde à ce point que jamais le soleil ne se couche sur les terres soumises à sa domination. Charles-Quint, élu empereur d'Allemagne en 1519, a besoin d'être couronné. Il s'abouche avec le captif du château Saint Ange,

qui vient de se sauver de Rome sous un déguisement. Clément VII s'engage
à couronner Charles-Quint ; Charles-Quint s'engage à prendre Florence, et
à en faire la dot de sa fille naturelle, Marguerite d'Autriche, que l'on fiance à
Alexandre. Les deux promesses sont scrupuleusement tenues. Charles-Quint
est couronné à Bologne, et Alexandre de Médicis, après un siège de onze
mois, par l'empereur en personne, siège où Florence est défendue par Michel-Ange, qui laisse le burin et la palette pour prendre l'épée, et livrée par
Malatesta, fait son entrée solennelle dans la capitale de son duché, le 31 juillet 1531.

Car la magnifique République Florentine qui se débat depuis quelque
temps dans les dernières convulsions de l'agonie, et qui, tout récemment, en
1537, à un des assauts populaires de sa plèbe en insurrection, a vu briser le
bras gauche de la belle statue de David, de Michel-Ange, placée à la porte de
son Palais-Vieux, est abolie par le vainqueur, et *Alexandre de Médicis* est
créé duc de Toscane.

Cependant Alexandre, imbu des vices de son époque, et fort peu pourvu
des vertus de sa race, plus homme de plaisir qu'homme d'État, ne voit dans
sa position élevée qu'un moyen de satisfaire les passions ardentes que lui a
transmises sa mère, une mauresque. Négligeant les devoirs que lui imposent
sa haute dignité et l'intérêt de son avenir, il se conduit en tyran, désarme le
peuple, élève des forteresses, celles qui existent encore, pour commander la
ville, multiplie les sentences d'exil et de confiscation, essaie d'assassiner
Pierre Strozzi, fait empoisonner le cardinal son cousin, Hippolyte de Médicis, qui est un beau jeune homme, affable du cœur, généreux de la main,
libéral et grand comme Léon X, et enfin s'adonne aux plus honteuses débauches. Aussi nombre de conspirations se forment sous son règne. *Cibo*, un
Marseillais, le fait poignarder, un jour qu'il vient dans le palais des Pazzi,
pour y séduire sa belle-sœur : mais un jaque de mailles qu'il porte sous sa
robe, émousse la dague. Alors on remplit de poudre un bahut sur le bord duquel Alexandre doit s'asseoir lorsqu'il sera près de la marquise de Pazzi.
Mais la poudre humide ne prend pas feu. Toutefois, l'heure de la vengeance
approche.

Celui qui doit l'exercer cette vendetta sanglante, n'est autre qu'un Médicis,
Laurent de Médicis, l'aîné de la branche qui s'écarte du trône de Cosme l'Ancien, par Laurent, frère de ce même Cosme l'Ancien.

Laurenzino, c'est le nom que l'on donne à ce Laurent de Médicis, Laurenzino a montré de bonne heure un caractère maussade, fantasque, passionné,
railleur, impie, fier et servile tout à la fois. Néanmoins il semble dévoué à

Alexandre, qui ne peut se passer de lui. Pour Alexandre Laurenzino entreprend tout, mène tout à bien. Aussi Florence déteste autant Laurenzino qu'elle hait Alexandre. Mais pendant que le jeune Médicis se fait le familier du duc, il a lui-même pour âme damnée un meurtrier qu'il a sauvé de la corde, et dont ses camarades de prison ont changé le nom de *Mikaele del Tovallaccino*, en celui fort bizarre de *Scoronconcolo*. Ce que Laurenzino ne veut faire lui-même, il le commande à Scoronconcolo, qui obéit aveuglement. A Scoronconcolo les grands coups d'épée; à Laurenzino les petits coups de poignard, d'un poignard aigu, effilé, dont il éprouve la pointe en perçant des florins d'or.

Qu'attendre d'une pareille société? Laurenzino se flatte de succéder à Alexandre. Il faut donc le faire périr. Trop habile pour s'exposer aux chances toujours incertaines d'une conspiration, le cousin du duc, qui demeure dans une maison voisine du palais de la Via Larga, attire Alexandre chez lui, sous prétexte de lui procurer une entrevue avec une Florentine, mariée à *Léonardo Guiori*, allié à la famille Médicis. Il a eu soin de lui soustraire sa jaque de mailles. Le duc, caché dans un cabinet écarté de la maison de Laurenzino, attend impatiemment dans le silence, l'obscurité, la solitude ; car la nuit est venue, noire, épaisse, humide : c'est la nuit du 6 janvier 1537. Alexandre n'a révélé à personne le secret de ce rendez-vous nocturne. Il rêve donc à son prétendu bonheur, quand soudain un frôlement se fait entendre. Le duc lève les bras. Au moment même un poignard aigu, effilé, lui passe entre les côtes, et pénètre dans son cœur... Il tombe et meurt.

Couvert du sang de sa victime, l'assassin qui, pour se donner du courage, s'est fait suivre de Scoronconcolo, ne voit plus que les dangers de sa position, et au lieu de songer à s'emparer de la couronne ducale qui l'attend, il prend le bras de son acolyte, dépouille son cousin de l'argent qu'il trouve dans son palais, et s'empresse d'aller chercher un refuge près de l'exilé Philippe Strozzi, à Venise.

Nulle oreille n'a entendu la chute du cadavre d'Alexandre. J'en excepte *Marie Salviati*, veuve d'un *Jean de Médicis*, surnommé le *Grand Diable*, descendant aussi de Laurent, frère de Cosme l'Ancien, qui combattit les Français dans la Lombardie en 1524, et dont les soldats prirent le deuil, ce qui les fit appeler *Bandes Noires*, après qu'il eut été tué près de Mantoue, en 1526. Marie Salviati donne l'éveil aux Florentins qui se trouvent une fois encore possesseurs de leur liberté. Mais à Florence s'il n'y a plus de tyrans, il n'y a plus de liberté.

Ce n'est pas sans motifs que Marie Salviati, née *Lucrezia de Médicis*, donne l'éveil aux Florentins. Elle est veuve de ce Jean de Médicis le Grand Diable, le chef des bandes noires, et elle en a un fils, Cosme, qui, Alexandre mort, et Laurenzino parti, doit régner à Florence. Seulement, pour éviter de cruels souvenirs, elle fait rendre le palais des Médicis à la famille *Riccardi*, après avoir démoli la maison de Laurenzino, théâtre de crime, et après avoir établi les écuries du palais sur l'emplacement que cette maison occupait. Alors son fils Cosme est proclamé duc de Toscane.

Cosme II de Médicis s'installe au Palazzo Vecchio. Mais, pour régner il a besoin de l'appui de Charles-Quint. A titre de protection, l'empereur met donc garnison dans les forteresses de Florence, de Pise et de Livourne.

Alors Cosme II entre dans Florence au milieu des cris de joie de toute la population. Son père, Jean de Médicis, intrépide batailleur, condottiere sans vergogne, a laissé de tels souvenirs de bravoure et de franchise militaire que ces souvenirs du père entourent le fils, et le peuple, parmi lequel est mêlée une foule de soldats des bandes noires, l'accompagne jusqu'au Palais-Vieux, joyeux et pleurant, aux cris mille fois répétés de :

— Vive Jean! Vive Cosme! Vivent le père et le fils !

Cependant, grave et sévère d'aspect, lent à former des relations familières, discret sur toutes ses actions, Cosme II rappelle Louis XI dont il a toute la dissimulation, Henri VIII dont il montre la violence, François Iᵉʳ dont il reproduit la valeur, Charles-Quint qu'il égale par sa persévérance, et Léon X qui lui inspire sa magnificence.

Il épouse *Eléonore de Tolède*, qui lui donne cinq fils et quatre filles : François, Ferdinand, Don Pierre, Jean, Garcias ; Marie, Lucrèce, Isabelle et Virginie. Voici maintenant comme un tel père traite ses enfants.

Cosme institue l'ordre de Saint-Etienne et vient à Pise s'y faire reconnaître grand-maître. Pendant ce temps, deux de ses fils, Jean et Garcias, chassent dans les Maremmes. Une dispute s'élève à l'occasion d'un chevreuil : Garcias tue Jean. Appelé immédiatement, Cosme arrive. Il saisit le coupable, et Garcias est poignardé sur le corps de son frère. Eléonore, leur mère, se couche aux côtés de ses fils, ferme les yeux, ne veut plus les rouvrir, et huit jours après, meurt de désespoir. Tels sont les débuts de ce règne ; la fin répondra au commencement.

Pierre de Médicis, son frère, après avoir épousé Eléonore de Tolède, nièce de la précédente, a la douleur de la voir devenir la victime de la lubricité de Cosme II. Alors il tue cette jeune femme dans un de ses châteaux, puis disparaît de la scène du monde.

Marie, l'aînée des filles, l'une des belles fleurs du printemps de Florence, meurt empoisonnée à l'âge de dix-sept ans, et Cosme est l'auteur du forfait.

Lucrèce, la seconde des filles de Cosme, agée de dix-neuf ans, devient l'épouse du duc de Ferrare, Alphonse II, et, dans le même palais où périt la belle Parisina peu après, meurt enlevée par une fièvre putride. Mais les femmes qui l'ensevelissent reconnaissent sur son corps une blessure par laquelle lo poignard a chassé l'âme.

Le cadavre d'Isabelle, la troisième sœur, est trouvé un matin avec un lien de soie au cou, dans sa villa de Correto. Elle était morte depuis deux jours.

Enfin Virginie, la dernière, est mariée à César d'Este, duc de Modène, et l'histoire l'oublie. Assurément c'est qu'elle fut heureuse.

Mauvais époux et mauvais père, Cosme II ne put être qu'un tyran. Il le devient au point d'être haï, exécré de tous les Florentins.

Cependant Cosme est artiste, savant : il connaît les plantes, sait les lieux où elles naissent, où elles se plaisent, où elles fleurissent le mieux. Avec leurs sucs il compose des eaux, des essences, des baumes, des parfums. Il protège les lettres, fonde l'*Academie Florentine* en 1541, y fait lire et commenter Plutarque et Dante, dans la grand'salle du Palais-Vieux. Il fait rouvrir l'*Université de Pise*. Il met en ordre et offre aux savants les manuscrits et les livres de la nombreuse *Bibliothèque Laurentienne*, créée à Florence, par le pape Clément VII, Jules de Médicis. Il ouvre une imprimerie, que dirige l'allemand Torrentino ; il accueille *Paul Jove*, le célèbre écrivain du XVe siècle, qui erre sans trouver un toit d'ami ; *Scipion Ammirato*, l'historien savant, qu'a vu naître Lecce ; encourage tour à tour *Benedetto Varchi*, qui pour cela ne l'a pas ménagé dans son Histoire Florentine ; et vingt autres auteurs, *Filippo de Nerli*, *Vincenzio Borghini*. Il envoie à *Michel-Ange* un cardinal, une ambassade, et lui offre autant d'argent qu'il peut en souhaiter, le titre de sénateur et une charge à son choix ; appelle à lui l'*Ammanato*, l'architecte, le sculpteur, l'ingénieur, l'élève de Bandinelli d'abord, puis de Sansovino, et lui fait tailler la riche *Fontaine de Neptune*, qui décore la place du Palais-Vieux, à l'endroit même où fut brûlé Savonarole. Il commande à *Bandinelli* l'Hercule de la porte du Palais-Vieux, les statues de Léon X, de Clément VII, du duc Alexandre, de Jean de Médicis le Grand Diable et la sienne propre ; le chœur du Dôme et la loge du Marché-Neuf. Il fait revenir de France *Benvenuto Cellini*, qui fond tout exprès son Persée en bronze pour la Loggia dei Lanzi, et qui lui grave des médailles et lui coule des bassins ; inspire l'art de tailler le porphyre perdu depuis les Romains à

F. Ferruci de Fiesole ; accueille *Jean de Bologne*, qui exécute son Enlèvement des Sabines et son Mercure pour en décorer la Loggia ; élève *B. Buon-
talenti* dans l'amour de la peinture ; achète pour sa famille le *Palais Pitti*,
dont il fait le sanctuaire des arts ; commande à *Vasari* les fresques du Palais-
Vieux, la longue galerie qui, passant par dessus l'Arno, réunit le palais Pitti
au Palais-Vieux ; la magnifique *Basilique des Offices*, enfin, réunit dans ces
Offices, le Palais Pitti et le Palais-Vieux les tableaux, les statues, les médailles, les pierres précieuses, les curiosités antiques et modernes, tous les
objets d'art amoncelés par ses ancêtres, plusieurs fois pillés, et rache-
tés toujours. En dernier lieu, comme capitaine, Cosme II réunit au duché
de Florence Sienne, d'abord indépendante, puis tombée sous le joug espa-
gnol.

Sobre à l'excès, se contentant de quelques amandes pour son souper, toujours entouré de savants, chasseur habile, passionné pour la musique au
point de chanter en chœur, et souvent en se baignant dans l'Arno avec
ses gentilshommes, de donner des concerts sur l'eau à ses sujets, tel
est Cosme II, Auguste à un point de vue, mais, hélas ! Tibère sous un autre
aspect.

Cosme meurt le 21 avril 1574, laissant le trône ducal à son fils François,
qu'il a convié à partager son pouvoir depuis plusieurs années.

*François I*er *de Médicis* règne de 1574 à 1587. Il surpasse en tyrannie son
père lui-même. Il ruine par des confiscations les premières familles de ses
États, se livre à des turpitudes sans nom et se montre tout dévoué à Philippe II, roi d'Espagne. Après la mort de la grande duchesse, sa femme, il
épouse la vénitienne *Bianca Capello*, dont les aventures ont excité la verve
des poètes et des romanciers, et qui a sur les affaires une déplorable influence,
et néanmoins tient un rang distingué parmi les protecteurs des lettres et des
arts. Il ouvre, en 1580, la superbe *Galerie de Florence*. Sous son règne
enfin est fondée dans le palais Riccardi, jadis palais des Médicis, l'*Academia
della Crusca*, qui s'occupe de littérature et à laquelle on doit un vocabulaire
célèbre qui fait loi pour la langue italienne.

C'est à lui que *Marie de Médicis*, femme de notre Henri IV, et mère de
Louis XIII, doit le jour.

*Ferdinand I*er *de Médicis*, son frère, a reçu les ordres et porte le chapeau
de cardinal, lorsqu'il est appelé à succéder à François, en 1587. Ce jeune
duc est généreux, affable dans ses manières, noble et fier dans ses affaires politiques, plein de zèle pour la prospérité publique. Il remet les lois en vigueur, fait fleurir le commerce, l'agriculture, les beaux arts. *Jean de Bolo-*

gne, *Jules Romain, Galilée*, trouvent en lui un protecteur. Il aide Henri IV à reconquérir la France, qui se brouille avec lui. On aime, on vénère Ferdinand Ier, et Livourne lui élève une statue sur l'une de ses places les plus importantes.

Cosme III suit l'exemple de son père. Sa marine, entretenue par des prises continuelles sur les Turcs, fait redouter le pavillon toscan dans toute la Méditerranée. Il meurt en 1621.

Son fils, *Ferdinand II de Médicis*, se montre bon et généreux, mais faible. Il laisse le Pape s'emparer d'Urbin, héritage des ducs d'Urbin, à la fille duquel il est fiancé. Ami de *Galilée*, de *Toricelli*, de *Rodi*, de *Viriani*, naturalistes et savants célèbres, il ne peut toutefois soustraire le premier aux rigueurs de l'Inquisition.

Cosme IV de Médicis succède à Ferdinand, son père, en 1670, mais il n'hérite pas de ses vertus. Ses impôts ruinent le commerce et l'agriculture. Il persécute les savants. Epoux de Marie-Louis d'Orléans, cousine de Louis XIV, et n'ayant pas d'enfants mâles des deux fils qu'elle lui donne, il fait déclarer par le sénat que sa fille ceindra la couronne ducale après la mort du dernier mâle de sa famille. Mais l'Europe entière, par un traité solennel, réserve la succession de la Toscane à un Infant d'Espagne.

Jean Gaston de Médicis vient après lui, comme dernier grand duc de Toscane de la maison de Médicis. Il règne en 1723. Les impôts et divers monopoles supprimés, les supplices abolis, une bonne et sage administration le font chérir des Florentins. Mais il meurt sans enfants, en 1737 ; et sa sœur, la princesse palatine *Anne*, mourant aussi en 1743, avec eux s'éteint la famille des Médicis. Anne avait cédé ses droits, et tous ses biens, antiquités, galeries, bibliothèques, etc., au duc de Lorraine, moyennant une rente de 40,000 écus. Ainsi finit obscurément ce grand nom des Médicis. Mais on peut dire que leur siècle fut pour les temps modernes ce que fut celui de Périclès pour les temps passés.

Cependant *François-Etienne*, duc de Lorraine, devient grand duc de Toscane, et fait son entrée dans Florence avec son épouse *Marie-Thérèse*, qui est dans la fleur de l'âge et de la beauté. Mais à peine la tête ceinte de la couronne ducale, c'est le diadème impérial qui leur est donné par les électeurs allemands. Alors, pendant que François-Etienne et Marie-Thérèse, vont prendre possession de leur trône, à Vienne, d'où bientôt ils enverront leur fille Marie-Antoinette à notre bon roi Louis XVI, pour partager avec lui sa couronne d'épines, et pendant qu'ils forment la tige de la nouvelle maison d'Autriche *Lorraine-Habsbourg*, leur second fils, *Léopold*, règne à Florence. Il suprime l'Inquisition, abolit la torture, la peine de mort et le crime de haute-trahison. Alors aussi son frère Joseph succède, en Autriche, à leur père François-Etienne. Mais il est lui-même appelé à remplacer ce frère que la mort enlève au trône, et laisse le grand duché de Toscane à son fils, *Ferdinand III*.

Voici venir alors la grande et cruelle tourmente de la Révolution Française. Quand les Français envahissent l'Italie, les Florentins subissent la loi du vainqueur, Bonaparte, qui leur laisse leur gouvernement et leur grand duc. Toutefois, au mois de mars 1799, le Directoire, remarquant dans la conduite de Ferdinand III des dispositions qui lui sont favorables, ordonne au général Gautier de l'amener à abdiquer son autorité.

Alors aussi, en 1801, la Toscane, sous le titre de royaume d'Etrurie, passe au prince de Parme. En 1807, Elisa, sœur de Napoléon I, est créée duchesse. La Toscane est divisée en trois départements, ceux de l'Arno, de la Méditerranée et de l'Ombrone. Mais en 1814, Ferdinand III, après avoir été tour à tour grand duc de Toscane, électeur de Salzbourg, grand duc de Wurtzbourg, est de nouveau grand duc de Toscane et règne jusqu'en 1824.

Le grand duc régnant aujourd'hui est *Léopold II*, fils de Ferdinand III, prince impérial d'Autriche, archiduc d'Autriche, et général de cavalerie au service de l'Autriche. La Toscane est tranquille. Néanmoins elle a pris part au mouvement politique de 1848, et elle aime trop peu l'Autriche et les Autrichiens pour rester soumise à leur joug, si jamais l'Italie poussait le cris de l'indépendance. Un jour, et ce jour n'est pas loin, l'Italie tout entière poussera cette clameur qui déjà bourdonne dans le fond de ses entrailles. L'Autriche et son gouvernement inique et cruel l'auront voulu : alors malheur à l'Autriche et aux Autrichiens !

Aurez-vous la patience de lire cette trop longue analyse historique, Monsieur ? Je n'ose l'espérer. Si vous le faites, vous aurez bien mérité de... mon désir de vous prouver mon bon vouloir. Je n'ai d'autre but que de vous montrer combien, d'après vos avis et vos leçons, j'ai besoin de connaître les grands drames qui se sont accomplis sur les théâtres historiques que les voyages font passer sous nos yeux. On vit alors doublement, et de la présence des acteurs des faits anciens que l'on fait revivre sur les lieux mêmes, dans les palais, au milieu des temples, sur les champs de batailles, où ils ont joué leurs rôles en réalité, et des curiosités monumentales qu'ils ont laissées, et que les temps modernes encadrent de leurs œuvres pour en mieux faire saisir le contraste. Puissé-je avoir le bonheur de vous prouver que vos inspirations me sont fort utiles ! En tout cas, merci et pardon, Monsieur : merci, pour votre gracieux empressement à seconder toujours mes jeunes efforts, et pardon, pour la rudesse, la sécheresse de ce pauvre essai de ma plume. Conservez-moi toujours l'intérêt que vous me témoignez avec tant d'abandon, et croyez que dans aucun cœur d'homme, autant que dans le mien à votre endroit, il n'y a plus de reconnaissance, de respect et de sentiment filial.

J'ai l'honneur d'être, Monsieur,

Votre très-humble jeune ami,

Emile DOULET.

A MADAME F. DOULET , A PARIS.

Florence, 18 novembre 185...

Depuis déjà dix jours nous visitons, nous étudions, nous admirons Florence, ma bonne mère, et je ne vous ai pas encore écrit les impressions que nous fait éprouver cette belle capitale de Toscane ! C'est qu'il y a tant à voir, tant à étudier, tant à admirer, à Florence, que dix jours ne sont qu'un point imperceptible dans le long examen qu'elle exige. Située au milieu d'un bassin délicieux, très-bien cultivé, au pied de l'Apennin qui l'entoure de ses gracieux et verdoyants contreforts, sur l'Arno qui le divise en deux parties inégales, parmi des bosquets et des prairies semés fort au loin de villas et de palais, on peut dire que c'est l'une des plus belles cités du monde. A l'aspect de Florence, on reconnaît la ville de la force individuelle, la ville où le pouvoir public était faible quelquefois, mais où chaque citoyen était maître, était seigneur dans son logis. Malgré bon nombre de rues étroites, surtout dans la partie de la cité qui fut son berceau, nonobstant la forme irrégulière de plusieurs de ses édifices et l'architecture de quelques-uns de ses palais qui rappellent les forteresses du moyen-âge, Florence a cette large et majestueuse désinvolture de reine qui saisit et inspire un respect admiratif. A son grand air, on reconnaît la capitale de la *Magnifique République*, nom qu'elle dut à l'heureux emploi de ses revenus. Elle est entourée d'une haute muraille flanquée de tours et défendue par la forteresse de Saint-Jean-Baptiste, le château-fort du Belvédère et la citadelle de San-Miniato. Cette enceinte compte plus de six kilomètres de pourtour; elle renferme huit cents maisons. Quatre beaux ponts facilitent les communications d'une rive à l'autre de l'Arno. On y compte plus de cent soixante-dix statues exposées en public, six colonnes monumentales et deux obélisques. Le nombre et la beauté de ses jardins et de ses places publiques ornées de fontaines; Longo l'Arno, ou les bords du fleuve, avec ses quais opulents et ses palais; la largeur et la régularité de toutes ses rues pavées de larges dalles de granit; la majesté de ses monuments, les grands chefs-d'œuvre de tous les maîtres qui les décorent, enfin, le riant encadrement de ses collines pittoresques, tout se réunit pour faire regarder Florence comme l'une des plus belles cités de l'Italie, du monde, et pour annoncer au voyageur émerveillé la tête de cette illustre république qui remplit l'univers de son commerce et de sa gloire.

Près de la Porte San-Frediano, au pied de l'une des tours de la muraille d'enceinte, sur la rive gauche de l'Arno, et dans les dépendances du gazomètre destiné à l'éclairage de la ville, il est un délicieux cottage, parfaitement distribué et entouré d'un fort joli jardin que baignent les eaux du fleuve. C'est là que demeure l'ingénieur de l'usine, M. Perkins, et c'est là que, sur invitation gracieuse, nous devions aller prendre gîte, pendant notre séjour à Florence. Car M. Perkins a pour femme dame Mathilde Valmer, une jeune Marseillaise, fille de l'unique frère de mon cher gouverneur. Madame Perkins est une fort jolie brune, dont les cheveux et les yeux noirs font un contraste frappant avec les cheveux blonds et les yeux bleus de son mari, fils de la blanche Albion, car M. Perkins est anglais. Vous dire l'accueil affable et plein d'aménité que le jeune ménage anglo-français nous a fait, serait impossible. Une longue attente détruit d'ordinaire le plaisir de voir des hôtes trop désirés, et on nous attendait depuis si longtemps! Néanmoins nous avons été reçus comme les patriarches devaient accueillir sous leurs tentes nomades les anges du Seigneur. Il y eut toutefois cette différence qu'au lieu du pain cuit sous la cendre on nous servit un banquet, et que l'on ne jugea pas à propos de nous laver les pieds, selon l'usage ancien, attendu que nos bottes vernies n'avaient pas trace de la poussière du chemin. Comme bouquet d'arrivée, je vous laisse à deviner, mère, ce que nous avons offert à la bonne Mathilde, pour l'usage de ses enfants, car le moyen de plaire à une mère, c'est de songer à sa progéniture? Vous donnez votre langue aux chiens, n'est-ce pas? Nous lui avons pompeusement offert le joli voiturin et le bon petit cheval Garizenda, que j'achetai à Bologne, vous vous rappelez? La mignonne Thilda, et le malin Bibi, deux enfants non terribles, mais qui promettent de le devenir, étaient dans un ravissement que rien n'égalera en face de notre coquet équipage. Le soir même nous étions installés dans un retiro très-paisible du cottage Perkins, M. Valmer et moi, et nous avions titre de citoyens de la magnifique Florence et sujets du grand duc de Toscane, Son Altesse sérénissime Léopold II, — d'Autriche, hélas!

Je ne vais pas vous dire, jour par jour, l'emploi de nos heures depuis que nous sommes à Florence, ma très-aimée mère ; il me faudrait dix mains de papier, à moi, et à vous des lunettes. Mais que nous avons bien utilisé le temps! D'abord avant d'entrer dans le moindre édifice, selon notre usage, nous avons voulu courir, parcourir, visiter, revisiter la ville, en étudier la physionomie, les aspects, les ombres et les lumières, les rues et les ruelles, les places et les carrefours, les marchés et les halles, les quais et les ponts, les jardins et les promenades, Boboli et les Cascines, les splendeurs et les misères, le peuple et l'aristocratie, les modes patriciennes et les costumes plébéiens, les mœurs du grand monde et les usages de la plèbe infime, enfin les palais et les masures, que sais-je?

Donc, chaque matin, nous sortons de très-bonne heure, et, lancés dans la cité florentine, à travers rues, au hasard, au caprice du vent, selon la fantaisie des épisodes qui peuvent nous appeler, sans calcul aucun, mais les yeux grand ouverts, le nez en l'air, la bouche béante, nous allons, nous venons, tout comme des badauds de la province qui débarquent à Paris.

Dans Florence plus rien de cette figure républicaine regardant le passant de travers ; espionnant sur le seuil du *Bargello*, la prison de la ville ; se dan-

dinant sous le toit des Pisans ; guettant de la poivrière des palais ; criant :
Au large ! ou : Qui vive ! de la loge des lansquenets ; ou saluant avec morgue
du perron du Palais-Vieux tout blasonné des antiques armoiries de la république, fleurs de lys luciolant sur champ d'azur, comme des étoiles au firmament. Plus de ces vénérables bourgeois en robes brunes, grises ou rouges, le
camail sur la tête, l'aumônière à la ceinture, la fine jambe serrée en un étroit
maillot mi-partie jaune, mi-partie rouge, et les pieds chaussés de solerets.
Plus de manants enveloppés en un surcot, et cachant sous leur hoqueton l'ar-
balète ou l'arquebuse pour courir à l'émeute et hurler contre le cri de guerre
des Médicis : *Palle ! Palle !* Encore moins de hautains seigneurs, aux longues moustaches raides comme des cornes de Lombards, la main sur la dague,
faisant sonner le jaque d'acier sur leurs cuissards de fer et chevauchant dans
les rues sombres qui forment dédale aux environs du Palais-Vieux, de la charmante petite église d'Or-San-Michele, et de Santa Maria del Fiore. Le moyen-
âge est loin, bien loin.

Fils d'Adam, gais et joyeux sous leur costume de fatigue, allant bravement
au travail, les Florentins s'acheminaient dans tous les sens, au lever du soleil,
vers leurs ateliers respectifs, causant par groupes, fumant leurs bouffardes,
saluant les prêtres, pinçant la joue des jeunes filles, souriant aux soldats, et
chantant bientôt au cliquetis de leurs outils en entamant l'œuvrée du jour.
Filles d'Eve, éveillées, mutines, jolies, les femmes et les donzelles de Florence déjà sont debout sur leurs portes, en quêtes de caquets ; les unes allai-
tent leurs poupards, les autres hument le lait chaud du premier repas ; beaucoup, sans vergogne, font leur toilette au soleil, presque toutes, sans cesser
de babiller et de batifoler, tressent ces jolies pailles fines de la belle Italie
qui deviendront les magnifiques chapeaux des élégantes de France, des ladies
d'Angleterre, des senoras d'Espagne, et de toutes les merveilleuses des deux
hémisphères. Les rires, les quolibets, les lazzis jaillissent de toutes les portes, pleuvent de toutes les fenêtres, tombent de tous les étages. C'est un feu
croisé de fol entrain que ne couvrirait pas la fusillade de tout un régiment.
Ne levez pas trop la tête alors, car vous seriez exposé à voir sur divers plans,
et notamment au premier, de ces petites scènes d'intérieur qu'un artiste
modeste n'oserait crayonner qu'à demi. Les rues, dans l'ombre encore, sont
nettes à l'œil, ou à peu près ; mais des toits et des divers *pianos* des maisons,
pendent de ces loques aux mille couleurs que la brise soulève et qui, si elles
font un effet passablement pittoresque dans l'ensemble, dans le détail pré-
viennent et démontrent que l'on n'est pas encore dans les quartiers parfumés
de la Cité des Fleurs. En effet, nous parcourons la portion de la ville qui est

sur la rive gauche de l'Arno, la Florence plébéïenne, le *Borgo San-Frediano*. Cependant quels bons instincts se produisent chez ce peuple florentin! Nous sommes dans la *Via Carraja* : à notre gauche, Eglise grande ouverte ; à notre droite, *Piazza del Carmine*, et, sur la place, *Chiesa del Carmine*, dont les portes sont également béantes. Eh bien! la foule s'y porte, elle entre, elle se prosterne, elle prie, elle se confesse, elle communie, elle pleure. La foi brille sur les fronts, et le saint amour brûle dans les cœurs.

Nous aussi nous entrons dans cette Eglise du Couvent des Carmes, *del Carmine*. Quel calme et quel paix! Ce sont des Carmes à la tête rasée, qui disent la messe aux différents autels. De l'Eglise, isolée sur une place assez grande, au point de vue de l'architecteure, rien à dire si ce n'est que, détruite par un incendie en 1771, et reconstruite sur un modèle fort simple, elle est cependant vaste et haute. Mais, en avançant dans la nef et en tournant à droite, près du chœur, on arrive dans une chapelle solitaire, la *Chapelle des Brancacci*, mystérieux sanctuaire, heureusement échappé aux flammes, dans lequel vinrent souvent admirer et étudier le Perugin, Raphaël, Léonard de Vinci, et Michel-Ange jadis, et auquel, de nos jours, tout artiste bien inspiré fait un pèlerinage. « Quelques pieds de murs peints à fresque font vivre à jamais cette chapelle de l'Eglise des Carmes dans les fastes de l'art », dit M. Valery. En effet, en pénétrant dans cette chapelle étroite et sombre, mais pleine de gloire, on se trouve en face d'une des merveilles de la peinture. Commencées par *Masolino Panicale* (1), en 1378, continuées par *Masaccio* en 1430, ces fresques restèrent inachevées par suite de la mort de ces deux artistes enlevés prématurément à l'art et à la vie, *Filippino Lippi* (2) les acheva en 1459. Mais c'est au pinceau de Masaccio qu'elles doivent tout leur lustre. Né près de Florence, en 1401, Masaccio, appelé aussi *Thomas Guidi di San-Giovani*, est l'un des premiers réformateurs de l'art et connut les *raccourcis*. A près d'un siècle de distance, dans ce beau travail de la Chapelle del

---

(1) *Masolino da Panicale*, peintre sculpteur toscan, fut élève de Ghiberti, l'inimitable auteur des portes de bronze du Baptistère de Florence, et de Sturnina. On cite de lui la *Vocation de S. Pierre*, la *Tempête*, la *Prédication*, dans la chapelle des Carmes, de Florence. Né en 1374, à Valdessa, il mourut en 1415.

(2) *Filippo Lippi*, peintre, né à Florence, vers 1400, et qui mourut en 1469, fut employé à Naples par le roi Alphonse, et à Florence, par Côme II de Médicis. Son meilleur ouvrage est un *Couronnement de la Vierge*, fait à Florence. Ce peintre eut les aventures les plus remarquables.

Son fils, *Filippino*, fut également un peintre distingué

Carmine de Florence, comme dans la chapelle de l'Eglise de Saint-Clément, à Rome, ses deux œuvres principales, il se montre le précurseur de Raphaël, qui s'est inspiré de ses peintures dans ses loges. « La *chute d'Adam; d'Adam et Eve chassés du Paradis; Saint Paul visitant saint Pierre dans la prison; Saint Pierre donnant le Baptême, Saint Pierre et saint Jean distribuant des aumônes; Jesus envoyant saint Pierre prendre une pièce de monnaie dans la gueule d'un poisson;* la *Résurrection d'Eutichus*, sont autant d'incomparables chefs-d'œuvre qui excitent l'enthousiasme et devant lesquels nous nous extasions, M. Valmer et moi, humbles myrmidons.

Sur l'autel de cette église des Carmes, on remarque une peinture grecque, que l'on suppose avoir été rapportée de l'Orient, avant le XIVe siècle.

A la sortie de l'Eglise, en reprenant la Via di Carraja et le *Fundacci San-Spirito* qui lui fait suite, après avoir laissé à gauche le Ponte di Carraja, on trouve à droite une autre place la *Piazza San-Spirito*, et sur cette place une autre église, l'*Eglise du Saint-Esprit*. En 1471, Galéas Sforza, le cruel tyran du Milanais, celui qui fut assassiné dans la Chiesa San-Stefano in Broglio, à Milan, en 1479, étant venu signer quelque traité avec la Seigneurie de Florence, la Magnifique République, qui aimait à faire preuve d'opulence et à donner des fêtes, imagina, pour amuser le duc et pour faire honneur à la duchesse, de leur offrir un spectacle dans la Chiesa San-Spirito. On représenta la Descente du Saint-Esprit sur les Apôtres dans le Cénacle. Le lieu était bien choisi, mais pour faire tomber le Saint-Esprit sous forme de langues de feu, le feu était l'élément nécessaire. Les machinistes agencèrent mal leurs trucs, paraît-il. Il advint que, la fête terminée, un incendie se déclara dans l'Eglise qui, le lendemain, était réduite en cendres. Décidément Florence n'était pas heureuse dans les sotties et mômeries qu'elle donnait à ses hôtes. Déjà le pont de la Carraja s'était écroulé par surcharge, lors d'une représentation de l'enfer en présence d'un cardinal; et cette fois, une Eglise brûlait dans la représentation d'un mystère exécuté pour la grande gloire d'un Roi. C'était jouer malheur! *Brunelleschi*, l'un de ces artistes qui forment sur Florence une si lumineuse pléïade, fut chargé de reconstruire l'Eglise du Saint-Esprit. Il se mit à l'œuvre, et, cette œuvre terminée, la capitale de la Toscane posséda un monument en forme de basilique, avec une haute coupole couronnant les angles d'une croix latine, et divisée en trois nefs. De simple et sévère ordonnance, cet édifice, nouvelle preuve du génie de son auteur et nouveau progrès de l'art, contient trente-huit chapelles, et ses colonnes, leurs chapiteaux corinthiens et les archivoltes sont en pierre noire qui se détache admirablement sur le fond gris de l'enceinte. Le soffite est orné de rosaces peintes.

Je ne puis vous citer tous les noms des peintres qui travaillèrent à sa décorations. *Ghirlandajo* (1), *Filippo Lippi* et le *Pérugin* sont les plus remarquables. *Le Cronaca* (2) construisit la belle sacristie de cette église.

Nous quittons le portail de San-Spirito, qui regarde le sud-ouest, et, dans
cette direction, prenant une sorte de ruelle qui pénètre dans le quartier le
plus infime de l'Oltro Arno, c'est-à-dire de la rive gauche du fleuve, au coin
de la *Via San-Agostino* et de la *Via Romana*, nous saluons l'*Église San-
Felice* qui, ne pouvant appartenir à Florence sans posséder quelque chef-
d'œuvre, nous fait voir un *Salvator Rosa*, un *Ghirlandajo*, et un délicieux
Fra Angelico, cet artiste, solitaire et pieux Dominicain de Saint-Marc, le
couvent de l'infortuné Savonarole.

Alors nous nous trouvons sur la *Piazza di Palazzo Pitti*.

Que je voudrais être peintre, ma bonne mère, que je voudrais être poète,
que je voudrais être artiste autrement que par l'imagination, l'intelligence,
le goût et l'amour du beau pour vous décrire l'azur des cieux de l'Italie sous
lequel brille et resplendit au soleil la riche Florence, dans sa gracieuse
enceinte de verdoyantes collines, comme un diamant rutile dans son
écrin ouvert...

Que je vousdrais être peintre pour vous dessiner le magnifique *Palais Pitti*
placé là, entre la Piazza Pitti et le Jardin Boboli; le Palais Pitti, le grand
Capharnaüm artistique, le Pandemonium glorieux de Florence; le Palais
Pitti dont le génie de l'immortel *Brunelleschi* donna les plans et créa la
masse imposante, grandiose, rappelant les constructions cyclopéennes de

---

(1) *Domenico Corradi*, surnommé le *Ghirlandajo*, naquit à Florence, en 1451, et mourut en 1495. Il essaya le premier d'imiter la dorure à l'aide de sa couleur, et de donner de
la profondeur aux tableaux, par la distinction des plans et la gradation des teintes. On
admire son *Massacre des Innocents*, peint à fresque, dans le chœur de la Maria Novella, à
Florence. Le musée du Louvre possède de lui la *Visitation de sainte Anne à la sainte Vierge*.
Ghirlandajo doit son nom à une parure de dames, en forme de guirlande, inventée par son
père qui était orfèvre. Ce fut le maître de Michel-Ange.

(2) *Simon Pallabolo*, surnommé *le Cronaca*, architecte et sculpteur, naquit à Florence,
en 1454. Ce fut lui qui termina le *Palais Strozzi*, dans la via S. Trinita, rive droite de
l'Arno, commencé par *Benedetto da Maiano*. La corniche de cet édifice imposant et qui a
trois façades, est considérée comme la plus belle corniche des palais modernes, avec celle
du *Palais Farnèse*, à Rome. Il construisit aussi la *Chiesa san Francesco*, sur le mont San-
Miniato. Enfin, ce fut le Cronaca qui édifia la sacristie de la Chiesa San-Spirito, Oltro
l'Arno, à Florence.

l'ancienne Etrurie, que perfectionna l'*Ammanato* en y ajoutant, à l'intérieur, une cour magnifique, et qu'acheva *Giulio Parigi* en complétant l'édifice, par l'érection de deux ailes qui donnent maintenant à la façade principale un développement de cent soixante. mètres. Que je voudrais être artiste pour vous expliquer comment cette façade majestueuse est composée, non pas de pierres de taille, mais de blocs gigantesques dont plusieurs dépassent huit mètres de longueur, et que l'on a taillés en bossage, à peu près comme le portique de notre palais du Luxembourg, qui, élevé par Marie de Médicis, fut inspiré quelque peu du Palais Pitti dans lequel cette princesse avait reçu le jour. Un simple mais orgueilleux trafiquant de Florence, *Luca Pitti*, vers 1440, avait eu la jalouse idée de se construire une demeure plus élégante et plus vaste que le palais de la Seigneurie florentine, sa suzeraine. Il bâtit ce palais qu'il appela Pitti, de son nom, se donna la vaniteuse jouissance d'éclipser le Palais-Vieux, mais se ruina... Eléonore de Tolède se mit alors sur les rangs pour acheter cette résidence que lui vendit Buonaccorso Pitti, au prix de neuf mille florins d'or. En 1549, lorsqu'elle épousa Cosme II, Eléonore apporta ce domaine aux Médicis, qui depuis ce temps s'y établirent, et où la dynastie autrichienne des grands ducs de Toscane les remplace comme souverains et comme hôtes du palais.

Mais surtout que je voudrais être poëte, ma mère aimée, pour vous chanter dignement et par mon langage vous faire saisir, vous faire deviner, vous faire voir les richesses intérieures de ce temple de l'art ! Plus de cinq cents peintures de tous les plus fameux maîtres, de toutes les époques, sous toutes les formes, défilent sous les yeux du touriste émerveillé, qui passe en revue les nombreuses salles du palais. C'est à en avoir le vertige.

Dans la *Salle de Vénus*, on se trouve d'abord en compagnie de *Salvator Rosa*, du *Tintoret*, de *Probus*, de *Garofalo*, du *Guerchin* du d'*Albert-Durer*, etc., mais ils ne remplissent là que l'office d'introducteurs et font l'antichambre.

Voici venir la *Salle d'Apollon* où *Paul Véronèse* nous montre sa femme coiffée en frisons ; *Palma-le-Vieux*, la Cène d'Emmaüs ; *Pordenone*, une Sainte Famille ; *Jules Romain*, la Madone au Lézard, et *Raphaël Sanzio*, Angiolo et Maddalena Doni, deux portraits qui furent commandés à l'artiste, en 1507, au prix de cinq mille écus. Rien de joli comme la tête de Maddalena qui désormais servit de type aux vierges que peignit Raphaël.

La Salle de Mars succède, et là premier prodige, prodige sacré! *Madonna della Saggiola*, la Madone à la Chaise de *Raphaël*. Ecoutez ce que dit M. Viardot de cette œuvre la plus célèbre, non pas de Raphaël seulement, mais de la peinture italienne, mais de l'art tout entier.

« Trois personnes sont réunies, sont pressées dans un étroit cadre rond, et, malgré cette difficulté prodigieuse, que Raphaël, sans doute, ne cherchait point, et qui lui était imposée par une *commande*, l'arrangement est si naturel, si gracieux, si parfait, qu'on pourrait le supposer du choix de l'artiste, et qu'au lieu d'y trouver la moindre roideur, le moindre embarras, comme dans les difficultés vaincues, on y sent toute l'aisance et toute la naïveté d'une création spontanée. Saint Jean, relégué un peu dans l'ombre, adore timidement, humblement, celui dont il se contentera d'être le précurseur. l'Enfant Jésus, en qui éclatent l'intelligence et la bonté, mais qui paraît un peu pâle et souffrant, sourit avec tristesse. Il semble qu'on lit déjà, dans l'ineffable expression de son visage, le sentiment de la victime résignée à un sacrifice, qu'il laissera, parmi les hommes qu'il aura sauvés, plus d'ingratitude encore que de reconnaissance et d'amour. Quant à la Vierge, penchée et comme arrondie sur le corps de son enfant qu'elle serre en ses bras, mais détournant le regard et le portant sur le spectateur, elle s'éloigne manifestement du type ordinaire des vierges de Raphaël. C'est la seule de ses Madones qui ne baisse point les yeux, qui les jette autour d'elle et les fixe sur d'autres yeux. Parée d'étoffes riches et brillantes, elle est le modèle de la beauté idéale. C'est la plus vive et la plus profonde irruption qu'avec Raphaël l'art ait faite dans la religion, dans le dogme, traité désormais avec plus de liberté, d'indépendance, etc., etc. »

Second prodige, prodige profane : Judith de *C. Allori*, Judith magnifique, belle, impérieuse, fière. Mazzafina, la favorite du peintre, posa pour ce tableau, admirable ouvrage, certes! Quant à Holopherne, à Holopherne décapité, c'est le portrait de l'artiste, portrait d'une beauté frappante.

Viennent les *Salles de Jupiter, de Saturne, de l'Iliade*. Mais à quoi bon vous donner une froide et ridicule nomenclature d'artistes qui, s'ils éveillent l'imagination par leurs noms célèbres, ne font pas même soupçonner les splendides créations qui leur sont dues. Pour comprendre de telles magnificences, il faut indispensablement les voir.

Dans la *Salle de l'Education de Jupiter*, troisième prodige , prodige sacré. Madone du grand duc, par *Raphaël*. Au nom de cette Vierge, se joint celui du maître, parce que le grand duc Ferdinand Ier avait l'habitude de porter toujours cette peinture avec lui dans ses voyages. Aussi lorsque la famille régnante est à Pitti, ce tableau rentre dans l'appartement de la grande duchesse. Vous pouvez vous en procurer la gravure chez Martinet, ma bonne mère; comme aussi, chez Coupil, vous aurez la Madone à la chaise. Alors les suavités de ces deux peintures deviendront pour vous plus palpables. Là

Vierge du grand duc est l'une des plus célestes, des plus séraphiques créations du savant artiste. Charmante candeur, simplicité naïve, auréole de pureté, tout s'y trouve et ravit le regard.

Les *Salles della Stuffa*, d'*Ulysse*, *dei Fanciulli* ou des *Enfants*, et la *Galerie Procetti*, renferment à la suite une telle série d'œuvres éblouissantes, que nous sortons, fascinés, de ce dédale de merveilles

Le palais Pitti renferme, en outre, quantité d'objets d'art, sculpture, ciselures, etc., que nous visiterons assurément, mais à un autre moment. On n'a plus d'admiration à donner quand le cerveau est rendu lourd par les beautés dont il porte l'empreinte. Et pour voir les chefs-d'œuvre de *Benvenuto Cellini*, il est bon, il est nécessaire de posséder fraîches et nettes les facultés de son âme afin de mieux jouir d'impressions nouvelles.

Si l'on sort du palais Pitti ou si l'on y entre, vers midi, on a le plaisir de voir parader sur la Piazza la garde montante du palais et d'entendre sa musique exécuter les plus belles partitions italiennes qui gagnent encore à être jouées par des Italiens. Du moins, si la manœuvre nous semble faible, l'ouverture de Guillaume Tell, qui nous a été réservée, est conduite avec une verve et un entrain qui nous transporte. Quelle grande âme que celle de Rossini !

M. et madame Perkins, nous ont fait un jour les honneurs du *Jardin de Boboli*, qui fait suite au Palais Pitti. Nous y sommes entrés par la cour de l'*Ammanato*, dont le fond est décoré d'une grotte qui a seize colonnes d'ordre dorique et cinq statues. *R. Corradi* est l'auteur de la statue du milieu qui, en porphyre, est un torse restauré et métamorphosé en Moïse. La grotte a pour diadème une fontaine jaillissante par *Susini* et *il Tadda*. Une grande allée, semblable au tapis vert de Versailles, avec une grande vasque d'où s'élève la statue de Neptune, œuvre de *Jean de Bologne*, et comme à Versailles toujours, quantité de bosquets, de nombreuses statues, etc., composent les jardins du palais. La solitude y est plus complète que dans le parc de Louis XIV, et ce n'est pas peu dire. Mais Boboli est plus accidenté, et du haut de ces magnifiques terrasses, on jouit du plus ravissant panorama sur Florence et ses environs. Je puis ajouter que les espaliers et les treilles produisent d'excellents fruits et de délicieux raisins. Une certaine échelle, qui se trouvait là, fort à point, dressée contre une muraille, avait donné à M. Valmer, l'idée de s'assurer par lui-même de la valeur d'une énorme grappe que dorait le soleil. Il monte, se met à califourchon sur le mur, et commençait à nous jeter les grains les plus murs, lorsque sort d'un bosquet...

— Le grand duc! s'écrie en sourdine M. Perkins...

M. Valmer prit-il le temps de descendre, sauta-t-il de son mur? je ne saurais le dire. Ce que je puis affirmer, c'est qu'il se trouva en ligne aussi prestement que nous-mêmes pour saluer le maître du lieu, dont le visage doux et affable nous sourit, et ne manifesta nulle crainte de trouver en nous des maraudeurs.

Savez-vous bien que c'est dans la *Via Guicciardini*, qui conduit du palais Pitti au Ponte Vecchio, et qui porte le nom d'un illustre historien de Florence, qu'elle a vu naître au n° 169, que se trouve la maison qui a également vu arriver à la lumière l'inexplicable *Machiavel*, au n° 1345? La demeure de *Galilée*, l'une des illustrations de Florence, celle où il mourut, est aussi dans le voisinage, *Alla Costa*, près de la forteresse de Belvédère, qui couronne le jardin de Boboli. Ainsi ce misérable faubourg a payé sa part de gloire à Florence. Quant au *Dante*, en homme supérieur, il a dédaigné la plèbe, et avait pris gîte au n° 683, *Via Ricciarda*, sur la rive droite de l'Arno. Nous irons saluer son berceau, à Florence, comme nous sommes allés vénérer son tombeau, à Ravenne.

Vers le milieu du jour, Forence s'assoupit et fait la sieste. Le soleil est alors si chaud! Mais vers trois heures, un surcroît de vie et d'animation se manifeste dans les rues, sur les places, le long des quais. Quel mouvement alors! C'est l'heure du repas et du repos dans le travail sans doute. Aussi, comme vont et viennent ces jeunes filles au visage narquois, à l'œil noir et malin, tout en mangeant leur cocomoro ou en savourant leur orzata? Que d'assemblées délibérantes se forment dans les carrefours et devant les maisons parmi ces femmes, et quels sujets importants on y discute, à en juger par leurs éclats de voix clapissants! Voici même des légions d'enfants, qui sortent d'allées étroites et sombres de maisons d'assez triste apparence, dont les portes sont surmontées de l'écriteau indicateur : *Scuole per les Fanciuoli*. Fanciuoli, joli mot italien! Certes! les enfants sont les mêmes partout : ceux-ci quittent leurs écoles plus volontiers qu'ils ne les abordent. Il faut croire la population de cette rive fort nombreuse, car sur cent maisons on lit cette enseigne qui flatte beaucoup les parents, mais fait faire certainement bien des grimaces à leur progéniture. Il faut voir ces petits Florentins gambader dans la rue. Je croirais volontiers que le gamin de Florence rend des points au gamin de Paris. Que de moines! que de prêtres! que de religieuses! Et tous ces soldats, combien leur est doux le farniente! Ah! si, comme jadis le fit le lion si connu dans l'histoire, sous le nom de *Lion de Florence*, qui, échappé de la ménagerie royale de Pitti, s'élança dans la ville, et faisant fuir sur son passage les manants qui circulaient, saisit un petit enfant tombé des bras de sa mère effarée, mais le lui rendit sain et sauf, en la voyant se jeter à genoux devant lui, et dans sa douleur s'écrier : Rends-moi mon fils! un autre lion paraissait bondissant et furieux, dans cette rue si agitée, avec quelle rapidité deviendrait-elle solitaire, et comme cesseraient soudain les joyeuses causeries de cette foule heureuse et insouciante !

Nous voici sur le *Ponte Vecchio*, le premier pont qui ait été construit à Florence, et qui fut rebâti en 1342, par *Taddo Gaddi*. Mais on ne se doute pas que l'on traverse le fleuve, car, comme tous les ponts du moyen-âge, il est entièrement bordé de maisons et d'ateliers d'orfèvres. C'est là, sous l'une de ces échoppes, que demeura *Mazo Finiguerra*, l'intelligent artisan, qui inventa l'art de la gravure. Brillants étalages de bijoux d'or, de vaisselle plate en argent, de mosaïques fines et délicates, représentant des fleurs, montées artistement en broches, en boucles d'oreilles, en bagues, en bracelets. C'est l'une des spécialités de Florence. Matrones gravement assises près de leurs maris, plus graves encore, et appelant de l'œil le chaland. Apprentis jouant sur le pavé au risque d'être bousculés, meurtris, broyés par les voiturins qui passent rapides comme des flèches, les équipages qui portent les curieux au palais Pitti, et les chars lourdement chargés d'approvisionnements qui vont aux halles de la rive droite. A Florence, les voitures ne s'inquiètent jamais du piéton : lancées au galop, elles ne modèrent leur allure en aucune occasion; c'est au piéton à user de l'œil et à jouer des jambes. Au fait, le piéton est si vigilant, qu'en un an on cite à peine un léger accident arrivé dans la foule la plus compacte.

Toute la rangée de maisons qui est sur le côté en amont de ce Ponte Vecchio, apparaît surmontée d'une longue galerie aérienne, qui unit le Palais-Vieux et les Offices, ses dépendances, au palais Pitti, dans une longueur de deux cent cinquante toises, en franchissant l'Arno et en traversant la ville. Cosme II, qui embellit et agrandit Pitti, lorsque sa femme, Eléonore de Tolède, l'en eut rendu possesseur, imagina de faire élever cette galerie de communication, afin de s'assurer une retraite du Palais-Vieux qu'il habitait, au palais Pitti, en cas de soulèvement populaire. Il sut, en effet, s'en servir dans l'occasion.

Que n'ai-je maintenant la harpe sonore de Fingal, la lyre du vieil Orphée, ou la guitare multisonnante du signor Ferranti? Je chanterais sur le mode hexamètre les splendeurs aristocratiques de la rive droite de l'Arno, la somptueuse et monumentale Florence, qui se groupe autour du Palais-Vieux et de Sainte-Marie-des-Fleurs, et les curiosités sans nombre qui s'offrent à nos regards charmés, lorsque nous avons traversé le Pont-Vieux.

Mais je n'ai ni cette harpe, ni cette lyre, ni cette guitare, et, modeste dans mon allure, je vous raconterai en vile prose, chère maman, que ventre affamé n'ayant point d'...yeux. Je ne cherche rien dans le pourtour de l'antique quartier de Florence, qui fut jadis le Champ-des-Roses, je ne cherche rien, dis-je, qu'un... restaurant, un pâtissier-traiteur, une table d'hôte, une osteria, une trattoria quelconque. Heureusement le dieu des festins nous prend en pitié. Restaurant *del Luna,* restaurant *del Sol,* restaurant *della Stella!* C'est tout un firmament de tavernes qui se montre à nous sous des noms séduisants, vous le voyez. Nous n'avons plus que l'embarras du choix. Toutefois de crainte, par une préférence trop marquée, de mettre la discorde entre le soleil, la lune et les étoiles, nous entrons au café Donet, *Via dei Legnaioli,* tenu à la mode française, et l'un des plus élégants de la ville. On n'est pas fier, à Florence. Nous voyons dans tous les *caffé,* des personnes en voiture prendre le chocolat ou les glaces, déjeuner ou dîner, tout à côté d'hommes et de femmes du peuple.

Certes ! nous sommes les bienvenus ! Voici qu'on nous couvre de fleurs. Fleurs à nos boutonnières, fleurs sur nos couverts, fleurs sur notre table. Je vois le moment où l'on va nous couronner d'œillets, et jeter des tubéreuses à nos pieds. Ce sont de jeunes Florentines qui se font aussi gracieuses à notre endroit. N'allez pas croire que l'intérêt les guide, ces beaux sylphes de l'atmosphère de Florence ! Pensez-vous donc que ces jeunes fleuristes tendent la main ? Tendre la main ! Non, mia carissima ! Au contraire elles s'échappent, s'enfuient, s'envolent comme des papillons. Tout au plus prennent-elles le temps de vous décocher un sourire, et de vous crier : *Addio! Addio!*

— C'est bien ! c'est bien ! Laissez faire, mes amis : mais viendra le quart-d'heure de Rabelais. Vous paierez les fleurs, et vous les paierez bon, quoique les fleurs ne coûtent pas cher à Florence, leur pays. Vous verrez et vous m'en donnerez des nouvelles ! nous dit M. Perkins, qui, à la recherche de nos individus, nous trouve en extase devant nos jolis bouquets, et ne veut pas nous laisser la moindre illusion.

— En attendant, réplique M. Valmer, qui prend la pose d'Ovide aux banquets de Lucullus, savourons ces doux parfums, et faisons-nous Sybarites. Garçon, servez vite, et servez frais !

Agneau rôti, délicieuse volaille, *ombrines et ragnoles,* poissons savoureux provenant de l'étang de Biguglia, en Corse, forment le menu de notre repas. On y joint une tranche de *prosciutto,* jambon du Calentino, qui passe pour le meilleur de l'Italie, et quelques *agarics* fort délicats, et surtout de super-bes *oronges*, champignons exquis dont abondent les marchés de Florence. Je ne parle pas du raisin connu des anciens sous le nom de *brumasse*, mot grec qui signifie *mamelle de vache*, forme de son grain, et qui est l'égal du raisin du Grand-Duc, d'après M. Valmer. Puis, comme l'eau potable de Florence est fournie seulement par la fontaine de la *Piazza Santa Croce* et les puits artésiens des *Piazza Santa Paria Novella* et *San-Marco*, que l'eau des citernes de chaque maison est insalubre et tartreuse, et que fontaine et puits artésiens sont trop loin du café Donet, nous arrosons le tout d'un vin rouge, fort capiteux, et qui a nom *aleatico*. On le sert dans de hautes et larges bouteilles en verre blanc, à cou effilé, garnies de jonc de marais, et que l'on appelle *fiasques*. Nous ne faisons pas *fiasco* avec ces dames-jeannes, croyez-le, ma mère, car le soleil de Florence est chaud et brûlant. C'est vous dire que nous avions soif. -

A l'occasion d'un certain vin blanc, le *moscadello*, dont M. Perkins nous promet la connaissance, le neveu de M. Valmer nous apprend que dans les palais les plus aristocratiques de la ville, les vins du cru des maîtres se vendent au détail, à un *paolo*, onze sous le fiasque. L'idée n'est pas nouvelle : les plus grands et les plus fameux des Romains faisaient ainsi vendre dans leurs maisons, par leurs esclaves, les produits de leurs terres. Néanmoins, dans nos temps modernes, c'est chose fort originale de voir des filles ou des gens du peuple, le fiasque à la main, aller au palais Ricasoli, acheter du *chianti*, chez le signor Quaratesi, du *Pomino*, chez l'évêque de Fiesole du *Carmignano* du *Montisone* ou de l'*Antella* chez les Torrianii et les Manelli, etc. M. Valery trouve que « c'est rendre service aux gourmets que de leur indiquer les palais où se trouvent véritables ces vins de Toscane, si bien chantés par le poète Redi, dans son dithyrambe de *Bacchio in Toscano*. »

Vous savez, bonne mère, que c'est Florence qui passe pour la ville d'Italie où l'on parle le plus purement et le plus élégamment l'Italien. Mais on ne l'y prononce pas si bien ni si agréablement qu'à Rome, d'où vient le proverbe : *La lingua toscana in bocca romana — le parler toscan ne devient parfait que dans une bouche romaine*. En effet, tous les amateurs de sorbets et de glaces qui prennent autour de nous des rafraîchissements, et surtout un orgeat appelé ici *orzata*, mélangé d'un filet de l'alkermès distillé par les Dominicains de Santa-Maria-Novella, s'ils ont un dialecte bien pur, ont quelque chose de tudesque dans la prononciation qui blesse passablement l'oreille.

Aussi déjeunons-nous, chaque jour, après nos premières courses du matin, tantôt chez Donet, tantôt à la Ville de Paris, *Via della Spada*, tantôt encore à la Pension Suisse, près de Donet, et en face du magnifique *palais Strozzi*, dans la *Via San-Trinita*. Des fenêtres du salon de cette pension nous avons l'aspect majestueux, splendide, de ce monument colossal, ayant des façades sur trois rues différentes, composé de trois étages aux fenêtres grandioses, et couronné d'une corniche telle qu'elle passe pour la plus belle des palais anciens et modernes. Elle est l'œuvre du fameux architecte et sculpteur *Pallaiolo*, surnommé le *Cronaca*, parce que, dans son atelier, autant il travaillait de la main et de la tête, autant de sa bouche, toujours en mouvement, il racontait des chroniques échevelées, bizarres, inépuisables. La corniche du palais Borghèse, à Rome, par Michel-Ange, est la seule qui puisse rivaliser en beauté, en élégance, avec celle du Cronaca, au palais Strozzi, de Florence. Nous admirons aussi de très-capricieuses lanternes, admirablement ouvragées en fer, et les ornements qui les supportent, placées aux angles du palais, et que l'on allumait quand, autrefois, des fêtes de nuit se donnaient dans cette résidence princière. Elles sont de *Niccolo Grasso* dit *Caparra*. Il est bien rare que tous ces artistes des XIVe et XVe siècles n'aient pas un surnom quelconque provenant de leurs défauts, de leurs ridicules, etc.

En quittant la Via dei Legnaioli, par une infinité de petites rues en damier, derniers restes de la Florence primitive, nous arrivons à la *Via dei Calzajoli*, rue fort longue qui unit la Piazza del Duomo à la Piazza del Palazzo-Vecchio. C'est la rue la plus fameuse de la ville, la rue historique, le théâtre des luttes sanglantes, si souvent répétées, aux jours de la République. Grande artère servant de point de communication entre les deux places les plus importantes, il s'y fait un commerce fort actif, et elle est toujours remplie d'une foule affairée, curieuse, avide, d'étrangers et de flâneurs florentins. Aussi, c'est chose prodigieuse, là, comme ailleurs, mais là surtout, de voir passer au trot les équipages et les voitures au milieu de cette multitude qui se serre, se presse, se range et se creuse en sillon, sans laisser entendre le moindre murmure, tant, à Florence, le peuple a contracté l'habitude de céder le pas à tout ce qui semble d'une condition supérieure. Arrivés dans cette Via dei Calzajoli, nous tournons à droite, et voici que nous trouvons sur ce même côté de la rue la plus charmante surprise que l'art puisse réserver à ses admirateurs.

C'est la délicieuse petite *Chiesa d'Or-San-Michele*, un vrai bijou. Ce nom d'Or vient de *Orlo*, jardin, et, par abbréviation *Or*, parce que cette église de San-Michel fut construite sur l'emplacement d'un jardin. C'est un bel édifice gothique carré, fort restreint, mais d'aspect fort étrange pour une égli-

se. Cela se comprend. Quand, en 1284, le grand architecte florentin, l'é-
lève de Nicolas de Pise, *Arnolfo di Lapo*, le fit sortir de terre en l'entourant
d'un portique; ce monument était destiné à une halle au blé. Mais un incendie l'endommagea. Alors, en 1337, sur les dessins du *Giotto*, l'auteur du
Campanile, *Taddeo Gaddi* le restaura ; puis *A. Orgagna*, l'artiste de la Loggia dei Lanzi, et l'un des peintres de Campo-Santo de Pise, ferma les portiques, et en fit une église. Là République voulait qu'il en fût ainsi par véné-
ration pour une Madone peinte sur bois, au xiiie siècle, par *Ugolino*, de
Sienne, et fort aimée par ses nombreux miracles, qui jusque-là était placée
sur l'un des piliers du portique. Les statuaires se tinrent pour très-honorés
de décorer l'enceinte extérieure du temple de leurs plus belles œuvres. *Ghiberti*, l'auteur des portes du Baptistère, y plaça saint Étienne et saint Mat-
thieu, en bronze : *Jean de Bologne* offrit un saint Luc; *Donatello* saint Marc,
saint Pierre et saint Philippe. *Luca della Robbia*, un autre artiste florentin
qui, vers 1450, inventa les terres cuites émaillées, couvrit le dessus des niches de ses bas-reliefs. A l'intérieur, les plus riches vitraux représentèrent
les histoires miraculeuses de l'image de la Vierge. Enfin, *Andrea del Sarto*
donna l'Assomption de sainte Madeleine, *Lorenzo Credi* saint Barthélemi,
et *Taddeo Gaddi*, Jésus dans le temple. Les peintures achevèrent donc ainsi
de faire un joyau de cette église. Mais la transformation de la halle en église
terminée, *Orgagna* fut chargé de construire pour la Madone un tabernacle
digne d'elle. Il fit alors, en marbre blanc, la merveille que l'on y admire, le
splendide tabernacle qui renferme sur le devant la sainte peinture d'*Ugolino*.
Rien de beau comme cette œuvre immense, occupant un sixième de l'espace
dans l'église, qui n'est plus que l'écrin du bijou. De style gothique, ce tabernacle est le plus étonnant objet d'art qui existe. On s'extasie devant le fini
de ses bas-reliefs. Tout ce qu'on peut faire avec une cire molle, une glaise
complaisante, Orgagna le fit avec du marbre; et il faut vraiment toucher ce
chef-d'œuvre si bien évidé, fouillé, découpé avec un caprice, une fantaisie,
une élégance dont on ne peut avoir l'idée sans l'avoir vu, pour se convaincre
que c'est bien réellement du marbre.

Si grande que fut l'idée que je m'étais faite d'avance du Forum de la
République de Florence, ma chère mère, je vous dois l'aveu sincère que la
réalité fut encore plus grande. Nous y arrivons par le côté occidental. Alors
nous avons en face de nous la *Piazza del Palazzo Vecchio*, vaste, magnifique, hérissée de merveilles, pour ainsi dire. Mais au nord-est se montre
un vide béant, formant une sorte de Piazzetta. C'est l'endroit qu'occupait
jadis le *palais de Farinata des Uberti*. Lorsqu'*Arnolfo di Lapo* avait reçu

l'ordre, en 1298, de bâtir un palais à la Seigneurie, il avait choisi le beau milieu de ce côté nord-est de la place. Mais la main du peuple vint le saisir au collet, et lui défendit de poser le moindre caillou sur l'emplacement où jadis avait été posée la maison des Uberti qu'il avait rasée dans sa fureur contre le traître Farinata. Le sol où avait résidé cette famille déclarée infâme devait à tout jamais rester stérile, inoccupé, comme souvenir de vengeance. Arnolfo dut, en conséquence, repousser et élever son palais plus au sud. Voilà pourquoi le Palazzo Vecchio s'élève dans l'angle sud-est de la place, au lieu d'avoir le beau milieu.

Alors cet emplacement du palais des Uberti fut réservé aux exécutions capitales. Et c'est dans l'angle de cet emplacement le plus rapproché du Palais-Vieux, que se dressa le bûcher qui consuma Savonarole et ses deux compagnons. Mais le peuple y déposant des couronnes à chaque anniversaire de sa mort, à l'endroit du bûcher, Cosme II fit élever la magnifique fontaine de Neptune, que notre *Jean de Bologne* exécuta, et entoura de Satyres et de Tritons.

Ainsi nous avons devant nous la Piazza, et, au fond de la Piazza, la Piazzetta, où fut la *maison des Uberti*, puis la *fontaine de Neptune*, et, enfin, dans l'angle, le *Palais-Vieux*.

A notre droite, à l'angle du Palais-Vieux, nous apparaissent le *Palazzo degli Offizii*, musée incomparable qui renferme la *Tribune;* puis la *Cour des Offices*, décorée de portiques et des statues des Toscans les plus illustres, se prolongeant jusqu'à l'Arno, et enfin, en équerre sur la place, la splendide *Loggia dei Lanzi*.

Derrière nous s'élève le fameux *toit des Pisans* et l'*hôtel de la Poste;* et à notre gauche, en face de la loge des Lansquenets, une longue file de palais qui bordent ce côté de la place, ainsi que le fond de l'emplacement qu'occupait la maison des Uberti, et le pourtour du Palais-Vieux.

Au centre de la place du Palais-Vieux chevauche sur son lourd cheval de bataille *Cosme II de Médicis*, ouvrage en bronze de *Jean de Bologne.*

Mais comme sur le perron du Palais-Vieux s'élèvent les statues colossales de David, par *Michel-Ange*, d'Hercule assommant Cacus, par B. *Bandinelli*, et de deux dieux Termes; comme Neptune domine sa fontaine, et qu'une foule de satyres et de tritons l'entourent dans les poses les plus excentriques; comme la cour des Offices montre aux regards sous ses portiques deux longues lignes de blancs personnages qui se sont illustrés en Toscane pendant leur vie, et qu'après leur mort la Toscane a fait tailler en marbre; comme sous la Loggia dei Lanzi, outre les deux lions qui gardent son escalier, sous se galerie à jour on aperçoit le Persée coupant la tête de Méduse, en bronze, de *Benvenuto Cellini*, l'enlèvement de la Sabine, de *Jean de Bologne*, la Judith et l'Holopherne, de *Donatello*; Hercule et le Centaure Nessus de *Jean de Bologne* toujours, puis des Prisonnières Gauloises, des Prêtresses de Romulus, etc. ; comme Cosme II fait le cavalcadour sur son dextrier au beau milieu de la place, il advient que, de quelque part que l'on arrive, de quelque côté que l'on regarde, on se trouve en face d'un tel monde de statues, en présence d'objets d'art si nombreux, entouré de tant de monuments magnifiques si curieux, que haletant, éperdu, ébloui, fasciné, le touriste, immobile comme les statues mêmes, cloué sur la place, ne sait où aller, hésite, se sent appelé ici, convié là, et, avant de pouvoir mettre de l'ordre dans ses idées et fixer son choix, demeure longtemps interdit dans une contemplation muette.

En vérité le génie de l'homme, avant d'arriver à faire irruption, tâtonne, essaie, coupe et taille, absolument comme le volcan prépare sa lave. Michel-Ange Buonarotti n'avait que vingt-neuf ans quand il fit sortir d'un bloc mal ébauché, par Simon de Fiesole, cette statue de David. Mais elle n'est pas encore un chef-d'œuvre. Vasari l'a louée dans des pages ardentes; nos artistes modernes, au contraire, lui trouvent quelque gêne dans l'ensemble. La tête est trop forte pour le corps, et la jambe gauche paraît trop longue. Dans l'émeute de 1527, le peuple assiégeant le Palais-Vieux, les Lansquenets repoussaient l'assaut en jetant des créneaux et par les fenêtres des meubles de l'intérieur et des pierres. L'une d'elles tomba sur le bras gauche du David et le cassa. Aussitôt un jeune homme, qui regardait de loin la bataille, se précipite tête basse dans la mêlée, au risque des horions, s'empare du bras et se sauve. Ce jeune athlète était Georges Vasari, le grand artiste, le savant critique Florentin, qui, la paix rétablie, s'empressa de réparer le désastre, et de rendre à David son bras perdu. Mais la merveille de cette place du Palais-Vieux est le Persée de B. Cellini. Quelle vérité dans cette fière attitude du vainqueur présentant la tête de sa victime ! Est-elle horrible à voir cette affreuse tête de Méduse ! Mais surtout encore qu'elles sont sveltes et gracieuses ces statuettes que l'artiste a placées capricieusement sur le piédestal de son œuvre ! Certes ! il était fier et vindicatif Cellini, car écoutez ces paroles que l'orgueilleux Florentin a écrites au-dessous de la statuette de Jupiter, et qu'il dirige contre... quel ennemi ?

Te, fili, si quis læserit, ultor ero !
Si quelque main impie s'attaque à toi, mon fils, c'est moi qui te vengerai.

Et l'enlèvement de la Sabine, de Jean de Bologne, *Giambologna*, comme on dit à Florence, est-il rien de si hardi de mouvement?

Qu'il est raide, fier et sombre ce Palazzo Vecchio avec sa haute plateforme en encorbellement, crénelée, percée de machicoulis! Qu'il est menaçant et farouche avec son beffroi, la *Torre della Vacca*, élevée de deux cent quatre-vingt-six pieds, qu'Arnolfo di Lapo dut comprendre dans l'édifice, en 1298, et qui se dresse comme un géant debout, toujours prêt à appeler le peuple à rescousse! Il a beau faire briller sur l'azur de son écusson, comme des étoiles au ciel, les fleurs de lis qu'y sema Charles VIII à son passage à Florence, lorsqu'il se rendait à Naples, on est glacé quand on regarde de face cet antique Capitole de la Seigneurie Florentine, son petit balcon où l'on vous pendait très-habilement les Salviati et les Pazzi, qu'ils eussent ou non une soutane d'archevêque de Pise, ou le jacque de fer du gentilhomme. Ses mesquines petites fenêtres vous observent en tapinois, tout comme le chat, les yeux mi-clos avec béatitude, guette et s'empare de la souris. Telle est l'œuvre d'*Arnolfo di Lapo*, qu'acheva *Taddeo Gaddi*, en y ajoutant les créneaux; dont le *Cronaca* édifia la grand'salle longue de cent soixante et un pieds, et large de soixante-six, sur la demande de Savonarole qui, à raison de la diligence du Cronaca, disait que les anges lui servaient de maçons; qu'ensuite *Vasari* orna de plafonds qu'il peignit à fresque, que *Michelozzo*, *Ligozzi* et *Massegnano* décorèrent de peintures, et que *Michel-Ange*, *B. Bandinelli* et *Jean de Bologne* ornèrent de statues.

Le Palais-vieux était la résidence du Gonfalonier et de huit Prieurs, deux pour chaque quartier de la ville. Durant soixante jours ces prieurs étaient en charge, et, pendant ce temps, ils mangeaient ensemble, vivaient ensemble, prisonniers dans ce palais. Chacun d'eux avait deux laquais pour le servir, et un notaire ou tabellion était toujours là, près d'eux, disposé à écrire sous leurs ordres, soit les lettres, soit les délibérations. Mais ajoutons bien vite qu'en échange de cette vie claustrale, la Magnifique République payait par jour à chaque membre de la Seigneurie dix livres, c'est-à-dire sept francs de notre monnaie!

Un perron peu élevé et une porte percée au tiers de la façade donnent accès dans le Palais-Vieux. On se trouve alors dans une cour étroite, carrée, entourée d'un portique que supportent neuf colonnes de style lombard. Une fontaine que couronne un cupidon pêchant un poisson rouge dans une vasque de porphyre orne le milieu de la cour. Des peintures à fresque, représentant des villes d'Allemagne, ont été appliquées à ce portique lors du mariage de Ferdinand.

La *Grand'Salle du Conseil*, commandée par Savonarole, exécutée par le *Gronaca*, est au premier étage. Elle peut facilement contenir mille citoyens. Quand Cosme II quitta le Palais-Vieux après s'être installé au palais Pitti, ce fut cette salle qu'il mit à la disposition de son Académie. Les immenses fresques qui couvrent ses murs, et qui représentent les guerres de Florence contre Sienne et contre Pise, sont toutes de *Vasari*, que Cosme II affectionnait spécialement, qu'il chargea de décorer le palais, et auquel il commanda une *Histoire de la Peinture*, qui a fait à Vasari sa réputation de bon écrivain et d'habile critique.

Ce fut dans cette grand'salle qu'Isabelle, fille de Cosme II, devint la victime de celui qui lui avait donné le jour, ce qui la conduisit à être étranglée par son mari.

Une autre curiosité du Palais-Vieux est la ravissante petite *Chapelle de Rodolfo Ghirlandajo*, où le sentiment religieux fait opposition à l'expression païenne qui dominait alors.

Une dernière visite à rendre dans l'intérieur, celle qui convie le plus M. Valmer, est la *Tour Barberia*, dans laquelle fut enfermé Cosme Ier l'Ancien, et dont la porte eut pour sentinelle le Gonfalonier César Pétrucci, lorsqu'il y eut enfermé l'archevêque de Pise, Salviati, lors de la conspiration des Pazzi dans l'église de Sainte Marie-des-Fleurs. Cosme l'Ancien en sortit pour revivre, après y avoir jeûné pendant quatre jours; mais Salviati en sortit pour être pendu au balcon de la façade du Palais.

Dans l'une des chambres du palais, chambres qui composaient les appartements d'habitation, nous voyons un portrait de femme dont la figure imposante et fière, assez belle, mais raide, nous fixe de manière à nous appeler en face. Nous avons devant nous la célèbre *Bianca Capello* dont j'espère pouvoir vous dire ailleurs les aventures étranges.

Vous peindrai-je maintenant les magnificences du *Palais des Offices*, *Palazzo degli Uffizi*, ma très-aimée mère?

Ce nom des *Offices*, *degli Uffizi*, fut donné à ce palais, parce que l'édifice fut primitivement affecté aux bureaux des magistrats de Florence, et formaient les offices de la république:

Figurez-vous un palais composé de deux ailes longitudinales etparralèles, d'une longueur chacune de quatre cent trente pieds, réunis à leur extrémité qui regarde l'Arno par une autre aile transversale qui en compte cent : la première de ces ailes se raccorde avec le Palais-Vieux, et la seconde avec la Loggia dei Lanzi; l'entre-deux forme la cour et les portiques des Offices.

Cosme II fonda ce palais, et *Vasari*, l'habile artiste de son temps, en fut l'architecte. Les princes qui l'enrichirent le plus sont Ferdinand Ier et Cosme III.

Dans toute l'étendue des trois ailes se trouvent placés avec un ordre parfait les *Bustes Antiques* de nombreux personnages de l'ancienne Rome, les *Statues* d'une infinité de dieux, de déesses, de vestales, de prêtresses, d'athlètes, de nymphes, etc. ; des *Sarcophages* aux charmants bas-reliefs ; et enfin, appendues aux murailles, les plus belles *Peintures des vieux maitres*, dans lesquelles on peut suivre les progrès de l'art.

Mais cet immense développement de neuf cent soixante pieds s'étant un jour trouvé trop étroit, *Buotalenti* fut chargé de construire la TRIBUNE, dans un bâtiment adossé à la première aile, vers le tiers de sa longueur. Cette tribune, la gloire de Florence, l'écrin des plus riches joyaux, est une salle octogone dont la coupole, ornée de nacre de perles, est due à *Pocetti*, et dont le pavé est formé de fine mosaïque. On plaça dans ce sanctuaire de l'art les œuvres hors ligne que je vous signalerai tout à l'heure.

Puis, l'espace pour disposer convenablement les trésors sans nombre amoncelés par les Médicis manquant encore, on éleva d'autres salles également ment adossées à la première et à la seconde aile longitudinales, et, dans chacune de ces salles, on installa les peintures des *Ecoles Florentine, Hollandaise, Allemande, Flamande, Française et Vénitienne*, la collection la plus vaste que puisse envier une capitale.

Enfin, pour compléter la réunion de ces œuvres d'art, si rares et si précieuses, les Médicis ayant mis à contribution le monde ancien, et s'étant procuré à grands frais les plus merveilleux chefs-d'œuvre de la Grèce antique, de l'Asie, et de la vieille Rome, on créa de même, pour leur servir de temple et de musée, le *Cabinet des Antiquités égyptiennes ; le Cabinet des Vases étrusques ; le Cabinet des Bronzes anciens et modernes ; la longue Salle de Niobé ; le Cabinet des Gemmes ; le Cabinet des Vases noirs, des terres et des verres ; l· Salle des Bas-reliefs du Luca della Robbia ; le Cabinet de Baraccio ; la Salle des Inscriptions grecques et latines, etc ; la Salle de l'Hermaphrodite*, etc.

Telle est l'analyse sommaire, et tel est le plan de ce grandiose, de cet unique assemblage de beautés composant la tant renommée GALERIE DE FLORENCE.

On entre dans le Palais des Offices par un escalier qui ouvre à gauche dans la cour des portiques. On traverse successivement deux ou trois vestibules qui ont déjà leurs merveilles : sanglier, ouvrage grec fort célèbre, et chiens-loups d'une large exécution, etc., etc. Mais co ne sont là que les bagatelles de la porte.

Nous voici dans les grandes galeries dont les plafonds sont décorés d'arabesques et le pourtour orné des tableaux des anciens maitres, *Andréa Ricco de Candie*, XIIIᵉ siècle, *Cimabue, Giotto, Simon Memmi, Orgagna, Filippo Lippi, Fra Angelico,* le moine du Couvent de Saint-Marc ; et d'une collection de cinq cent trente-quatre personnages illustres copiés d'après les albums de Paul Jove. Là aussi commencent les sarcophages, les Statues et les Bustes Antiques. Parmi ces derniers nous remarquons ceux d'Auguste, d'Agrippa, son gendre, et de sa fille Julia, tête charmante, mais coiffure étrange. Ce fut cependant cette femme du vertueux Agrippa qui donna au monde Tibère et fut exilée pour ses débauches ! Buste de Messaline, femme de Claude ! Cette ignoble Messaline a une tête mignarde qui dément toutes les idées que l'on peut se faire de cette odieuse créature, mère pourtant, et mère de Britannicus et d'Octavie ! Têtes de Caligula, de Néron enfant et adolescent, promettant plus qu'il ne tiendra, le monstre ! de Vespasien ; de Julia Severa, femme de Septime-Sévère, admirable type d'impératrice romaine, etc.

Nous avons aussi des Tribunes, nous, ma mère, dans le musée du Louvre, car c'est à l'exemple de la Tribune de Florence qu'on y a créé les deux Tribunes du Salon-Carré et de la Salle des Sept Cheminées. Mais elles ne possèdent pas des trésors comme les trésors de la Tribune de Florence.

Quand on pénètre dans la Tribune de Florence, le calme, la paix, le recueillement qui y règnent vous impressionnent, et je ne sais quel sentiment s'empare de vous, comme à une heure solennelle, mais vous êtes ému.

Cinq statues antiques sont placées isolément au milieu de la Salle.

La Vénus de Médicis est la première. Elle est ainsi nommée parce qu'elle fut transportée à Florence sous le règne de Cosme III de Médicis. Elle est signée du nom de *Cléomènes, fils d'Apollore, d'Athènes.* On la trouva à Tivoli, dans la Villa Adriana. Elle était brisée en treize pièces. Vous la connaissez, car vous en avez vu vingt fois la copie sur le Tapis Vert du Parc de Versailles.

Vient *Apollino*, Apollon enfant. On dit cette statue de *Praxitèle,* le célèbre sculpteur athénien, né l'an 360 avant J.-C. C'est une merveille que l'on ne peut décrire.

Arrotino, le rémouleur, statue accroupie et aiguisant sa cognée, dont la copie décore l'entrée des Tuileries, sur le jardin, et qui représente, dit-on, un Scythe se préparant, sur l'ordre d'Apollon, à écorcher Marsyas, est la troisième de ces merveilles. Elle fut trouvée à Rome, au XVIᵉ siècle.

Des *Lutteurs* et un *Faune* qui danse, complètent la série des statues.

L'Adoration des Mages, d'*Albert-Durer*; une Sainte Famille de *Michel-Ange*, admirable tableau de chevalet, dont vous avez vu maintes gravures; la Tête de saint Jean-Baptiste dans un bassin, du *Corrége*; une Madone entre saint Jean et saint François, d'*Andrea del Sarto*, peinture suave; la Sybille de Samos, œuvre élégante du *Guerchin*; la Fornarina, ravissante composition de *Raphaël*; la Vénus au petit chien, du *Titien*; et puis du *P. Véronèse*; du *Van-Dyck*; du *Pérugin*; de l'*Annibal Carrache*; du *Ribera*; du *Jules Romain*; du *Daniel de Volterra*; du *Rubens*; du *Guide*; du *Mantegna*; du *Parmesan*; du *Schidone*, etc. C'est à rester en extase pendant des jours entiers.

Aussi, déjà huit fois la Tribune a-t-elle eu de nous de longues et pieuses visites. Hélas! nous admirons, mais nous sommes impuissants à rendre nos impressions! Que dire, en effet, en présence des plus belles œuvres qu'ait produites le génie de l'homme? Le silence n'est-il pas un éloge?

Je ne vais pas vous promener, mon beau cœur d'or, au travers des œuvres splendides des différentes écoles de peintures. La plume est si mal habile à faire comprendre à quelqu'un qui ne les voit pas, les éblouissantes beautés de l'art! Je me borne à vous répéter que dans le Palais des Offices, il y a une inimaginable agglomération de curiosités sans prix.

Dans le *Cabinet des Antiquités Egyptiennes*, momies d'hommes et d'animaux, rouleaux de papyrus, vases, stèles, etc. Mais, pendant qu'il est question d'antiquités égyptiennes, je vous dirai de suite que les plus curieuses ne sont pas aux Offices. Dans un musée particulier ouvert aux artistes, *Via di Faenza*, en face du n° 4724, et formé, dit-on, par M. Champollion, notre compatriote; parmi de très-nombreux objets fort intéressants, nous avons vu un *Carro scita da guerra*, un Char de guerre Egyptien, trouvé depuis peu dans un tombeau. Il rappelle la forme d'un char romain. Ses deux roues sont à quatre jantes, et il n'y a qu'un timon, encore garni de ses courroies. Il est en bois de sycomore. Mais on reconnaît que le bois était, sur plusieurs points, recouvert d'une peau rougeâtre. Nous y trouvons aussi des chaises, tabourets, paniers, urnes, etc.

Dans le *Cabinet des Vases Antiques*, au centre de la salle, Urne magnifique trouvée dans les décombres de *Chiusi*, la *Clusium* de Porsenna, etc.

Parmi les *Bronzes*, célèbre statue de l'Orateur représentant un Chef Etrusque, disent les uns, Scipion l'Africain, disent les autres, trouvée sur les bords du lac de Trasimène; très-belle Minerve déterrée à Arezzo; Statuettes de Vénus, d'Amazones; Mars, Hercule, Faune jouant de la flûte, Junon allaitant Bacchus; Aigle romaine, celle de la xxivᵉ Légion; Autels, Trépieds fabriqués à Athènes, Sistres, Couronnes murales, Manipules, etc., Miroirs, Lampes, Candélabres, Armes, Eperons, Anneaux, Casques et Cuirasses antiques. L'un de ces casques, trouvé à Cannes, porte une inscription carthaginoise, et appartint à un soldat d'Annibal; enfin une planche gravée représente le couronnement de Marie, de *Maso Finiguerra*, cet artisan florentin du Ponte Vecchio, qui découvrit l'art de reproduire les tableaux par la gravure.

Mais dans la *Salle de Niobé* surtout, vision de la douleur poignante d'une mère dans le groupe de Niobé et de ses enfants. Hélas! Niobé, fille de Tantale, sœur de Latone, et femme d'Amphion qui construisit Thèbes aux accords de sa lyre, avait sept fils et sept filles; mais fière de cette nombreuse postérité, Niobé ne craignit pas d'insulter Latone qui n'avait que neuf enfants. Latone, irritée, se plaignit à Apollon et à Diane dont les flèches mirent à mort incontinent les sept fils et les sept filles de Niobé. Stupéfiée par la douleur, celle-ci devint pierre. Tel est le sujet du drame. Ces admirables figures ont été retrouvées à Rome, près de la Porte Saint-Paul, en 1583. On est d'accord qu'elles composaient le fronton d'un temple. Les Médicis, qui les payèrent au poids de l'or, les apportèrent de leur Villa de Rome, à Florence, en 1775.

Voici comment s'explique sur ce groupe *M. Dupaty*, dans ses *Lettres sur l'Italie* : « Toute la famille de Niobé, au nombre de quatorze, est rassemblée dans une salle. Déjà un de ses fils a été percé d'un trait parti de la main d'Apollon; il est là, étendu, nageant dans son sang, mort; le reste, éperdu, ou fuit, ou se cache, ou demeure : sur ce front est l'épouvante; sur celui-ci, la menace; sur cet autre, déjà la mort; et sur le visage de Niobé, toute l'âme d'une mère qui voit périr à la fois tous ses enfants. Qu'elle est belle et sublime de douleur, cette mère ! Elle tâche de cacher entre ses bras la plus jeune de ses filles. La plus jeune de ses filles est charmante! et on ne voit cependant que ses épaules. On dirait que l'artiste a employé tout son art à les faire belles, afin d'attendrir Apollon. »

Dans la *Salle de l'Hermaphrodite*, à part la statue couchée sur une peau de panthère, nous trouvons un Brutus, de *Michel-Ange*, qui n'est qu'ébauché.

Mais, diavolo! que fut devenu ce marbre si l'artiste avait complété son œuvre ! On a gravé au socle du Brutus :

Dum Bruti effigiem sculptor de marmore ducit,
In mentem sceleris venit, et abstinuit...

ce qui veut dire : *Pendant que l'artiste fait sortir du marbre cette tête de Brutus, il lui vient en pensée d'imiter son audace ; aussi recule-t-il en délaissant son œuvre.* Lord Sandwich ajouta un autre distique en opposition avec le précédent, et ses vers ont une trempe politique plus énergique :

Brutum effecisset sculptor, sed mente recusat
Tanta viri virtus, sistit et obstupuit...

ce qui signifie : *L'artiste voulait reproduire les traits de Brutus, mais la mâle vigueur de ce grand homme l'effraie, aussi s'arrête-t-il, stupéfait.*

Au milieu de la *Salle du Baroccio*, — ainsi nommée de la Vierge, de *Baroccio*, qui prie Jésus de bénir les bons riches, peinture incomparable ! — on voit quatre tables en mosaïques de Florence. L'une d'elles, octogone, est le plus riche ouvrage de ce genre. Elle est de *J. Austelli* Vingt-deux ouvriers y travaillèrent pendant trente-cinq ans, et elle coûta cinq cent mille livres !

Le célèbre *Vase de Médicis*, qui porte en relief le Sacrifice d'Iphigénie, occupe le centre de la Salle des Portraits des Peintres. Voici ce que nous dit de ce Vase M. Viardot, dans ses Musées d'Italie : « Des branches de vigne, sculptées sur les bords supérieurs du vase, tandis que des feuilles d'acanthe en enveloppent le pied, indiquent que ce vase n'était pas, malgré sa forme, une urne véritable, une urne funéraire, mais ce que les Grecs nommaient un *cratère*, parce qu'on y préparait le mélange de vin et d'eau nommé *crasis*, qui servait aux repas. C'est dans cette espèce de réservoir qu'allaient puiser les échansons pour donner à boire aux convives, qui étaient assis à peu de distance les uns des autres, mais ayant chacun sa petite table devant lui. »

Je ne puis rien dire de cette création orientale qui a nom *Salle des Gemmes.* Colonnes en albâtre d'Orient et en vert antique, produisant une *Tribune* ou enceinte pour les pierres précieuses dites Gemmes : quatre cents objets d'art en pierre dure ou en pierres précieuses ; vase en lapis-lazzuli d'un seul morceau de treize pouces ; magnifiques ouvrages de *B. Cellini* ; patère en cristal et en or émaillé faite pour Diane de Poitiers ; vase en jaspe des Grisons ; bas-relief en or et mosaïques ; bijoux, camées, curiosités du plus fin travail...

D'ordinaire, il est cinq heures quand on quitte le Palais des Offices. La tête vous tourne sur les épaules et vous avez besoin du grand air. C'est le moment où la ville a changé d'aspect ; ses rues sont bien plus animées. Les dames florentines et les dandys toscans commencent à défiler. Si vous aimez à voir se panader de jolies toilettes, jouer de l'éventail de belles mains fraîchement gantées, s'abriter derrière leurs ombrelles de gracieux minois, et passer comme une trombe de brillants équipages, ou encore caracoler d'élégants cavaliers, mettez-vous en faction sur quelque grande place. Mais alors, ne redoutez pas le soleil, ou au moins choisissez le côté de l'ombre, car Florence n'a pas de portiques à vous offrir le long de ses rues. Regardez comme déjà les marchands de sorbets dressent leurs boutiques que surchargent des ornements sans nombre. On voit que le moindre manant de Florence a reçu et reçoit tous les jours des leçons de bon goût et de symétrie des Michel-Ange, des Cellini, des Brunelleschi, des Donatello, des Vasari, des Ammanato, des Ghiberti, des artistes passés et présents avec lesquels il vit dès son plus bas-âge. On peut en juger par le talent que les marchands mettent à disposer avec art les ustensiles et les vases nécessaires à leur exploitation. Quels élégants festons d'oranges ! Quelles charmantes guirlandes de citrons ! Y a-t-il chez notre Chevet plus gracieuse pyramide de fruits ! Et ces oriflammes de papier, et ces torsades de feuillages, comme tout cet appareil vous invite à venir déposer vos deux *quattrini* sur l'autel du sorbet et de la limonata. Certes ! croyez-vous donc, avec vos dix centimes, payer tout ce cliquetis de couleurs, toute cette bigarrure d'arabesques, et jouir de la profusion de paroles du digne homme, par-dessus le marché ? Non, non, mille fois non !

Quand vient le soir, et que, fatigués de nos excursions dans Florence, après l'exploration de deux ou trois églises, Pitti ou les Offices visités ou revisités, nous commençons à sentir de l'épuisement dans les jambes et de la vigueur dans l'estomac, nous reprenons Longo l'Arno, où nous laissent difficilement passer les longues files de carrosses et cavaliers qui vont se promener aux Cascines, et, traversant le fleuve sur le Pont de la Carraja, que M. ou Madame Perkins nous aient, ou non, tenu société dans nos pérégrinations, nous allons nous asseoir à la table hospitalière du cottage de la porte San-Frediano.

Florence est bien la ville des prodiges ; nous en avons une autre preuve

dans ce cottage même. M. Perkins a le titre d'ingénieur, vous le savez, ma
bonne mère, et certes! il l'a noblement gagné à la pointe du travail. Mais
où est le prodige, c'est que le talent de M. Perkins varie comme variaient les
transformations du défunt Protée. Non-seulement M. Perkins est ingénieur,
mais il est, en outre, excellent musicien, car son piano nous a généreusement
prouvé que son maître ne compte pas moins de cinq ou six quartiers de noblesse
harmonique. Mais, non-seulement M. Perkins est musicien, il est encore très-
habile... cuisinier. Oui, j'ai dit cuisinier! cuisinier à faire ses convives se su-
cer les doigts et le pouce quand ils ont savouré de trop près ses coulis, ses
puddings, et une série interminable de si délicieuses choses, qu'Apicius n'était,
qu'un laveur de vaisselle à côté de lui. Ajoutons que M. Perkins est bibliophile. Sa bibliothèque, à lui, est... à la cave. Mais quelle cave! Et dans cette
cave, quels fiasques! Et dans ces fiasques, quel vin! Et dans ce vin, quelle
verve! Et dans cette verve, quelles charmantes soirées passées sur les bords
de l'Arno en joyeuses causeries; — ou dans un landau, aux Cascines, le ci-
gare à la bouche et les yeux sur la foule qui émaille le pré; — ou à la *Pergola*, l'Opéra de Florence, dont les habitués n'écoutent pas les roulades des
cantatrices, ne regardent pas les jetés-battus des ballines, mais causent à
haute et intelligible voix, ne plus ne moins que s'ils étaient dans leurs sa-
lons. Enfin, disons aussi que M. Perkins est un véritable Mécène. Il a des
amis, et, ces amis, il les veut à sa table, autour de lui, formant une couronne
avec sa famille et ses hôtes. Et alors on cause, on rit, on raconte; on parle
de la France et de l'Angleterre, ces éternelles rivales de l'Occident; mais
tout rivaux qu'ils sont, Anglais et Français, se donnent la main, et l'on se con-
fond dans un tel esprit d'union, qu'avec les Italiens présents, on se surprend
à crier dans un toast chaleureux et d'une voix unanime :

— Advienne et vive la future indépendance de l'Italie !

Pourtant, si nous allons quelquefois aux Cascines, entendre la musique
militaire du Piazzone : certains soirs, à la *Pergola*, voir jouer Maria Sturda
ou Rigoletto ; à *Cocomero*, rire des excentricités de ce théâtre populaire ; ou
encore, dans l'après-midi, au *Théâtre Diurne*, bâti sur le patron des antiques scènes de Rome, entendre les lazzis de *Pulcinello* et apprendre les ru-
ses de *Stenterello* ; d'autres soirs aussi, en gens qui aiment leur pays, nous
allons au *Casino* ou *Cercle Florentin*, lire les journaux de France et y chercher des nouvelles de la patrie absente. Nous avons été présentés aux membres du Casino par M. Perkins, et nous avons nos entrées. Il a pour local le
Palais Borghèse, vaste et magnifique édifice de la *Via San-Gallo*, qui fut

construit en trois mois, alors que la princesse Borghèse était enceinte, afin de lui en faire hommage le jour de ses relevailles.

Or, un soir, hier précisément, nous sortions du Casino, lorsque déjà la nuit était venue depuis une heure. Soudain des chants funèbres se font entendre à intervalles égaux dans la *Via del Palagio*, où nous entrons, et semblent sortir d'un antique édifice qui se dresse à l'angle de cette rue, le *Bergello*, nom donné au *Palazzo del Podesta*, devenu le *Palazzo di Giustizia*, et renfermant les *Carcer Publiche*. C'est une vénérable et sombre construction surmontée d'un donjon, ayant une façade fort belle, avec porte majestueuse, cour et escalier décorés de sculptures. Elle est l'œuvre d'*Arnolfo di Lapo* et date de 1250. Destiné d'abord à la résidence du Podestat, ce palais fut orné de peintures signées des artistes les plus célèbres ; mais la main du temps les a effacées. Cependant, en 1840, on y a découvert une peinture murale de *Giotto*, dans laquelle on retrouve un portrait du Dante. Au second étage, on conserve aussi une fresque de *Ghirlandajo* ou de son école. Sur les murs d'entrée on voit encore un Jugement dernier, et, vis-à-vis, le Paradis, où l'on retrouve certains portraits. Les prisons que renferment ce Bargello remontent à une haute époque, et n'ont jamais cessé de servir. Que de drames ont dû se passer sous leurs voûtes. Elles avaient leurs chambres de torture, et celles-ci étaient pourvues de tous les instruments de supplice, surtout lorsque l'inquisition fut établie à Florence. Mais Léopold, le dernier grand duc, les fit brûler, un beau jour de 1782, dans la cour même du palais.

Donc, c'est du Bargello que s'échappe la lugubre harmonie, et par ses portes ouvertes on voit la cour du vieil édifice teinte des feux rouges et sanglants de nombreuses torches. Au milieu de ces reflets sinistres s'agitent, comme des démons, des hommes noirs, coiffés de larges chapeaux et semblables à des fantômes. Ils entourent un cercueil, et des prêtres, en rochet court, accomplissent la cérémonie de l'absoute. Il y a quelque chose de fantastique dans cette vision de pénitents noirs allant et venant, au milieu des flammes, autour de ce cadavre. Quel est le personnage qui déserte pour toujours le palais? Je ne saurais le dire. Mais dès les premières notes du chant. M. Perkins nous a dit :

— *Les Frères de la Miséricorde!* A Florence, on n'enterre que pendant la nuit, et c'est un convoi de première classe que vous allez voir, car à ceux-là seulement paraît le clergé, et l'on ne chante que quand le clergé assiste à l'enterrement...

En effet, voici que débouche du Bargello un pénitent en robe et masque de serge noire, un large chapeau noir sur la tête, qui porte une torche à la main. Les reflets rougeàtres de cette torche répandent des lueurs effrayantes sur tout ce qui l'entoure. Il est suivi d'un autre pénitent chargé d'une haute bannière, couverte de crèpe et qu'accompagnent deux pénitents, également armés de torches. Vient alors le clergé. Des enfants de chœur en surplis court et coiffés de chapeaux noirs, précèdent quelques prètres qui sont vètus de même et ont aussi le large chapeau sur la tète. Alors apparaît la bière drapée de deuil et placée sur les épaules d'une escouade de pénitents. A la suite s'acheminent une légion de tous les Pénitents ou Frères de la Miséricorde, en robes noires, en masques noirs dont l'œil laisse briller un rayon, en chapeaux noirs, mais attachés aux épaules, et avec des chapelets fixés à la ceinture, dont le cliquetis accompagne le bruit sourd de la marche mortuaire. Les premiers et les dernièrs Frères ont des torches et les vibrent sans fin, pour en secouer l'ardeur, ce qui ajoute à l'étrange effet de cette procession funèbre. La foule s'arrète dans les rues, garde son chapeau, et ne manifeste en rien le respect que d'ordinaire inspire la mort. Par moments, on chante un verset, une strophe, puis le calme reprend. Le cortège s'avance ainsi jusqu'à une maison qui a son entrée sur la place du Dôme : il entre. Un à un, les frères se saluent en se disant tout bas un mot mystérieux, disparaissent dans une vaste salle, se déshabillent prestement et s'éloignent. Le mort est abandonné ; mais dans la nuit, on le portera dans le Campo-Santo.

Certes! c'est une belle institution que celle des Frères de la Miséricorde. Fondée en 1244, à propos des pestes qui désolèrent le xIIIᵉ siècle, elle se perpétue de nos jours sans subir d'altération dans son esprit. Elle se compose de soixante-douze frères, dits *Chefs de Garde* et qui sont de service tous les quatre mois. A ce noyau primitif, représentant les classes aristocratiques et les arts libéraux, sont adjoints cent cinq journaliers pour représenter le peuple. Le siége de la Confrérie de la Miséricorde est Place-du-Dôme, dans cette maison où j'ai dit que l'on déposa le corps du défunt. Là, chaque frère a sa cassette renfermant sa robe noire, son capuchon avec des ouvertures seulement aux yeux et à la bouche, afin que sa bonne action ait le mérite de l'incognito. De cette institution sublime il advient que, soit-on au théâtre, à table, à la promenade, ou en affaires, si une clocle au son déchirant se fait entendre, on s'arrète : c'est la clocle de la Miséricorde! On écoute... Sonne-t-elle un coup? c'est un accident ordinaire. Deux coups? c'est un accident grave. Trois coups, c'est un cas de mort. Aussitôt l'homme du monde ou du peuple devient Frère. Il quitte le théâtre, la table, la promenade, ses affaires, prend son chapeau et court. Il se rend à la Maison de la Place-du-Dôme, y apprend quel est le malheur qui l'appelle ou la souffrance qui le réclame, revêt sa robe noire, met son masque, se coiffe de son grand chapeau, et se hâte d'aller à son pieux devoir. Si c'est un blessé, on le porte à l'hôpital ; si c'est un mort, on le porte à la Chapelle de la Maison du Dôme. Noble Florentin ou manant de la ruelle, vêtus de la même robe, s'attellent à la même litière, et l'anneau qui réunit ainsi le patricien et le plébéïen est un malade, un blessé ou un mort qu'ils ne connaissent ni l'un ni l'autre. Puis, quand les Frères de la Miséricorde ont quitté le théâtre du malheur, les enfants dont ils emportent le père, la femme dont ils emportent le mari, n'ont qu'à regarder autour d'eux, et, sur quelque mauvais meuble, ils trouveront une sainte offrande laissée par une main invisible.

Le Grand Duc fait partie de l'association, et, à l'appel aigu de la cloche, il lui arrive de revêtir l'uniforme de l'humanité en deuil, et de pénétrer, inconnu, côte-à-côte avec un homme du peuple, jusqu'auprès de ceux qui souffrent pour essuyer leurs larmes et amoindrir leurs douleurs.

Dites, ma chère mère, n'est-ce pas là une œuvre sublime?

Cependant, je voudrais un peu moins de rapidité, et plus de dignité dans la marche des Frères, et plus de respect pour les morts de la part de ceux que rencontrent les cortèges. Il y a souvent sept ou huit de ces processions lugubres, le soir, pour les inhumations, où le jour, pour les accidents; et l'habitude fait que les choses ont lieu trop cavalièrement. Ce qu'inspire la religion doit toujours être grave et saint. Ainsi, nous avons ce soir encore rencontré un enterrement fait par dix pénitents blancs, sans clergé. Ces hommes couraient, tout en chantant leurs hymnes, se parlaient entre eux, riaient, et s'arrêtaient même pour causer avec leurs connaissances. Appartenaient-ils à la Confrérie de la Miséricorde? J'espère que non.

Une autre phase du sentiment religieux nous a été offerte hier, de nuit encore, et je vais vous la peindre, car elle donne l'idée des mœurs du peuple de Florence. Après avoir quitté la Maison de la Miséricorde et traversé l'Arno, nous entrions dans la Via San Frediano, quartier de M. Perkins, lorsque nous voyons grande ouverte l'église de cette rue. Elle est encore éclairée, et cependant neuf heures sonnent à son clocher. Bientôt il en sort un pénitent blanc qui porte un drapeau blanc, et que suivent deux autres pénitents ayant en main chacun une lampe, enfermée dans des lanternes élevées sur des hampes. Quelques clercs viennent ensuite, et l'un d'eux agite une sonnette qui se fait entendre sans interruption. Un dais, composé d'une tendine flexible de soie blanche reposant sur huit supports que portent huit pénitents, abrite un prêtre. C'est le saint Viatique que l'on va donner à un malade. Aussitôt, dans toute la longueur de la rue, des fenêtres de chaque maison, au tintement continu de la sonnette, sort un bras, puis deux, puis dix, puis vingt, puis cent, puis mille peut-être, et chaque bras tient un flambeau, une lampe, une torche, une bougie, une modeste chandelle, un cierge, et soudain la rue, puis celle qui la continue, puis toutes les rues qui s'y rattachent, comme une traînée de poudre, se trouvent complétement illuminées de la façon la plus pittoresque, la plus rapide, la plus curieuse, d'une façon magique. En même temps des passants, les uns s'agenouillent, se prosternent, et, c'est le plus grand nombre, se mettent à la suite du pieux cortège pour accompagner le Saint-Sacrement jusque dans la maison du malade.

De ceci l'on peut conclure que le peuple est pénétré d'un sentiment bien sincère de religion. On en trouve une autre preuve dans l'usage de porter de l'eau bénite dans chaque maison, à l'époque de la Semaine Sainte. Le ministre de l'Eglise, qui s'acquitte de cette fonction dans chaque paroisse, est reçu comme un père. On lui présente les billets de confession de la famille pour lui prouver que le devoir pascal est rempli ; et, quand ce billet manque, il n'en répand pas moins sa bénédiction dans la demeure pour y appeler les anges du Seigneur et en détourner les embûches de l'esprit de ténèbres.

J'ai terminé mon compte rendu, ma mère chérie, car j'en suis là de Florence. Dans quelques jours je pourrai ajouter quelques nouveaux récits ; mais je ne veux pas que vous attendiez trop longtemps ma lettre. C'est la dernière que vous recevrez pendant ce voyage qui touche à sa fin. Dans huit ou dix jours nous serons à Pise. Livourne nous retiendra fort peu. Nous visiterons Nice en courant. Après quoi nous nous élancerons vers Paris avec toute la rapidité de la vapeur, et surtout avec toute la force de l'amour filial trop comprimé. Vos bras en recevront la douce explosion. Que je serai heureux, ma bien-aimé Niobé, de vous dire que partout j'ai pensé à vous, que partout je vous ai tendrement chérie, appelée, désirée, que partout enfin je vous ai remercié du plaisir que je vous dois. Mais ne vous dois-je pas tout ici-bas, vie et bonheur ? Aussi je reporte tout à vous parce que vous, c'est moi, et moi, c'est vous.

Emile DOULET.

A M. GUSTAVE PELLIER , A ECLARON.

Le Dimanche à Florence. — Amusements d'autrefois. — Plaisirs d'aujourd'hui. — Menus-propos. — Sainte-Marie-de-la-Fleur. — Détails archéologiques. — Portrait d'un archi-tecte. — Imposante majesté du Duomo. — Admirable et première coupole. — Tribunes de la Cathédrale. — Où l'on versa le sang humain. — Un condottiere hérétique. — Comme on poignarde une femme. — Un général à cheval sur un mulet. — Le Duomo vu du dehors. — Le Baptistère. — Comment un sculpteur ignoré devient célèbre. — Les Portes du Paradis. — Ouvrage qui prend une vie d'homme. — Le Campanile. — A quel propos Charles-Quint désirait un étui. — Les Barberi. — Où l'on revoit la Florence du moyen-âge. — Santa Maria Novella. — La fiancée de Michel-Ange. — Du tableau de Cimabué porté en triomphe. — Tombeau de F. Strozzi. — Les fresques du chœur par Ghirlan-dajo. — Un vrai Christ. — Peintures bizarres de l'enfer. — La chapelle des Espagnols. — Comment on se trouve en plein xiiᵉ siècle. — Domini cani , les chiens du Seigneur. — Où l'on distille des parfums. — Pharmacie. — Le Couvent de Saint-Marc. — Souvenirs de Savonarole. — Fra Bartholomæo et Fra Angelico. — Santa Croce. — Le Panthéon de Florence. — Où se montre Galilée. — Le fils du tailleur. — La Piazza dell'Annunziata. — Le petit cloître des Servites. — La Madone au sac. — Roses du temps. — Causeries sur A. del Sarto. — Autres menus-propos. — En face d'un incendie. — San Lorenzo. — La huitième merveille. — L'Aurore et le Crépuscule de Michel-Ange. — Le Jour et la Nuit. — La Chapelle des Médicis. — *Fiesole.* — Murs Cyclopéens. — Ruines. — Acropole. — La Basilique. — *Pratolino.* — Une habile intrigante. — La vénitienne Bianca Capello. — Drames. — *Pistoïa.* — Épisodes révolutionnaires. — Catilina. — Abbaye de Vallombreuse.

Florence, 2 novembre 185..

L'année dernière, je t'écrivais de Pavie, la ville des Lombards, mon cher ami, et, cette année, j'éprouve le besoin de t'écrire de Florence, la ville des Etrusques, et, après Rome, la patrie des beaux-arts. Dans nos belles années d'études, nous avons tant de fois conversé sur *Dante* et sa divine comédie ;

un voyageur, ami de ton père, à son retour d'Italie, nous parla tant de *Giotto* qu'il disait avoir régénéré l'art chrétien ; d'*Orgagna* qu'il appelait le Michel-Ange du XIVe siècle ; du moine *Jean*, de Fiesole, dont il nous vantait les fines peintures angéliques sur fond d'or ; de *Ghirlandajo* ; de *Ghiberti* ; de *Massaccio* ; de *Simon-Memmi* ; d'*Andrea del Sarto* ; de *Michel-Ange* lui-même, dont Florence fut la première lice, que me trouvant au milieu des chefs-d'œuvre de ces grands génies, et les admirant à mon tour, j'ai du bonheur à te dire que je suis dans la patrie du Dante, que partout je retrouve ses traces, et que je me mets chaque jour en extase devant toutes les merveilles que ce voyageur d'autrefois nous disait avoir vues, et au sujet desquelles, suspendus à ses lèvres, nous écoutions avidement ses récits.

Sans te parler autrement de Florence, j'entre immédiatement en matière.

C'était hier dimanche, mon cher Gustave, et nous étions de bonne heure dans les rues, étudiant la physionomie de la ville, examinant le mouvement qui se faisait dans son enceinte, regardant les passants affairés, et complétant nos recherches sur tout ce qui concerne Florence, qui nous intéresse autant et plus que les autres villes de l'Italie. La population semblait en fête ; des groupes animés allaient aux chemins de fer ; on voyait des familles entières émigrer vers la campagne ; de plus nombreuses voitures circulaient chargées de gens endimanchés qui se dirigeaient vers le Poggio Impériale, les uns ; les autres vers Pratolino ; beaucoup sur les collines de Fiesole. Il est vrai que la journée semblait encore plus radieuse que d'ordinaire. Les cloches des paroisses et des monastères sonnaient joyeusement. Les abords des églises témoignaient de l'empressement que mettait la foule à se rendre à l'office du matin. Les boutiques étaient fermées partout ; et, si la cité n'y gagnait pas au point de vue pittoresque, d'autre part, il se faisait beaucoup plus de mouvement dans ses rues et sur les places. Les cafés surtout étaient pleins à regorger. On prenait les glaces et les sorbets au dehors, comme c'est beaucoup l'usage en Italie. Gens du peuple, artisans avec leurs *épouses*, comme ils disent en France, dandys et élégants, se coudoyaient, sans vergogne d'un côté, sans humilité de l'autre. La messe finie, la ville sembla plus déserte ; les Florentins n'étaient plus à Florence, ils étaient aux champs ; les citadins se faisaient paysans.

Jadis les nobles de Florence, voire même les riches marchands du XIVe siècle, avaient des équipages de chasse dignes de souverains. On comptait dans une même famille jusqu'à quinze et vingt chasseurs à cheval, sans y comprendre les gens de pied qui menaient la meute. Alors la chasse au faucon était le grand divertissement de la noblesse florentine. Au xvi° siècle, les Florentins se formèrent en nombreuses compagnies de chasseurs, et ces compagnies prirent des noms qui les distinguaient les uns des autres ; c'étaient les *Risoluti*, les *Piacevoli*, les *Uniti*, les *Disperati*. Ces sociétés avaient leurs costumes, leurs dignités, leurs règlements. Les *Piatelli*, étaient les plus fameux de ces Nemrods. Ils avaient pris leur nom de ceci, que Pino, leur fondateur, qui était marchand de balance, avait prescrit que tous les joyeux secrétaires mangeraient au même plat. Les Piacevoli étaient les rivaux des Piatelli. Dans une chasse, les Piatelli ayant abattu cent onze têtes de gibiers, se crurent les premiers chasseurs du monde. Mais leur joie fut de courte durée, les Piacevoli leur en opposèrent cent trente. Aussi entrèrent-ils en triomphe dans Florence, avec fanfares et cris de guerre, trois cent chiens en tête du cortége et un char pompeusement orné, traînant les cent trente victimes. Il ne suffit pas de ce genre de succès aux Piacevoli ; en passant devant la maison de la Dette, — il y avait déjà des créanciers qui faisaient enfermer leurs débiteurs , paraît-il , — la marche des chasseurs fut arrêtée. Leur chef fit une quête, entra dans la prison, et délivra tous les captifs en payant pour eux.

Aujourd'hui les Florentins sont moins généreux, et s'ils ont modifié les usages de leurs ancêtres, ils n'en sont pas plus mauvais chasseurs. La chasse du peuple, la chasse qu'aime la famille des artisans, celle à laquelle on se livre volontiers le dimanche, est la *Chasse au Hibou, Civetta*. L'oiseau des nuits est attaché, en plein jour, à un piquet, par un lien qui a trois pieds de longueur. La pauvre bête a été formée, par je ne sais quel procédé, à exécuter certains pas et certaines révérences qui semblent fort curieux aux volatiles des prés, des bocages et des vergers. A peine voient-ils l'oiseau de Minerve faire ses entrechats, qu'ils s'approchent. Comme les enfants, pour mieux juger de l'adresse de la ballerine emplumée, c'est à qui se mettra le plus près possible. Imprudents! Ils se perchent sur des bâtons luisants qu'une main perfide a disposés autour du hibou, et ils y restent collés, car ces bâtons sont enduits de glu. Dire ce qui se consomme d'oiseaux pris de la sorte, à Florence et dans ses environs, le dimanche et le lundi, serait impossible.

Croiras-tu que notre Dante, oui, Dante, tout sérieux, tout grave que nous le supposions, était un oiseleur infatigable? D'autres artistes, après lui, ont partagé cette passion. On raconte du peintre Jean de San-Giovanni qu'il fut pris un jour, par les gardes, dans la chasse réservée des Cascines. Ah dam ! on le conduisit en prison. C'était le moment de la promenade. Le

beau monde le connaissait, et tout ce monde de lui porter compassion et de
de demander aux sbires :

— Qu'a donc fait ce bon Jean de San-Giovanni?

Et les sbires de répondre avec un petit air compatissant :

— Il chassait dans les Cascines du grand-duc, sans permis !

— Comment, sans permis? de s'écrier l'artiste, en le tirant de sa poche
avec un naïf embarras, mais en riant sous cape.

— Mais pourquoi ne l'avoir pas montré plus tôt? dirent les gardes.

— Pour avoir le plaisir de voir la huée qui vous attend... repartit le terrible Jean, grand amateur des scènes populaires et agitées.

Mon compagnon de voyage et moi, pendant que tout le monde va courir
les champs, au grand air, au soleil, nous rentrons religieusement dans le
Duomo, la *Cathédrale, Sainte-Marie-de-la-Fleur*! Garde-toi bien de croire
que ce soit notre première visite à cette merveille de Florence. Non : nous
serions d'indignes touristes alors. C'est la dixième fois peut-être que nous la
voyons, mais c'est la première que je vais la décrire.

C'était en 1293. Il y avait dix ans déjà que le grand remueur de pierres
qui avait nom Arnolfo di Lapo, avait achevé le Palais-Vieux : il terminait
aussi la Halle San-Michele et ne prévoyait pas qu'elle serait un jour la délicieuse église Or-di-San-Michele. Mais restait à faire une Cathédrale digne de
la République. Elle avait bien une Basilique consacrée à Santa-Reparata.
C'était une chapelle délabrée, qui ne pouvait contenir qu'un petit nombre
de fidèles ; et, pour Florence, Santa-Reparata était un monument si mes-
quin, qu'il devenait urgent de le remplacer au plus vite. La Seigneurie se ras-
sembla donc dans la grand'salle, et le peuple dans sa balie, sur la Piazza del
Palazzo Vecchio. Là, il fut enfin décidé que la Magnifique République étant
arrivée à son apogée de richesses, de puissance et de gloire, on devait édifier
un Duomo dont la splendeur éterniserait le souvenir de la prospérité de la
ville. Le plan de la nouvelle église fut mis au concours, et ce fut encore Arnolfo di Lapo qui se montra supérieur à ses rivaux. Alors parut le décret
que voici :

« Attendu que la haute prudence d'un peuple de grande origine doit être
de procéder dans ses affaires de façon que l'on reconnaisse, d'après ce qu'il a
fait, qu'il est puissant et sage ;

» Nous ordonnons à *Arnolfo*, maître en chef de notre Commune, de faire
le modèle et le dessin de la reconstruction de Santa-Reparata, avec la plus
haute et la plus somptueuse magnificence qu'il pourra y mettre, afin que cette
église soit aussi grande et aussi belle que le pouvoir et l'industrie des hommes

la peuvent édifier : car il a dit et conseille par les plus sages de la ville en assemblée publique et privée, de ne point entreprendre les choses de la Commune, si l'on n'est point d'accord de les porter au plus haut degré de grandeur, ainsi qu'il convient de faire pour le résultat des délibérations d'une réunion d'hommes libres, par une seule même volonté, la grandeur et la gloire de la Patrie. »

, Que te semble d'un pareil langage? Voilà l'esprit républicain !

Arnolfo se mit à l'œuvre. Le cardinal Valeriano, envoyé exprès par le pape Boniface VIII, posa la première pierre en 1298, et la nouvelle Cathédrale commença à s'élever sous le gracieux vocable de *Sainte-Marie-de-la-Fleur*, nom emprunté aux armoiries de Florence, *un lis rouge sur champ blanc*. Mais, à cette époque, il ne suffisait pas d'une vie d'homme pour parfaire un monument comme le Duomo de Florence. Arnolfo mourut. *Giotto* fut chargé de continuer son travail. Au dessin primitif, celui-ci joignit le Campanile et Portail qu'il rendit magnifique, en le décorant de statues et de bas-relief. Mais le Campanile, œuvre sans pareille, fut son occupation principale, et le dôme n'avançait guère quand la mort prit Giotto, comme elle avait fait pour Arnolfo. *Taddeo Gaddi* s'empara de la direction des travaux : la mort le faucha à son tour. Il eut pour successeur *Andrea Orgagna*. Andrea éteint, *Philippe Orgagna* prit la place. Ainsi cinq architectes déjà entassaient pierres sur pierres, et les murailles n'avaient pas encore atteint la hauteur voulue. Mais voici qu'un jour se présente un artiste florentin, qui, lui, prétend mener à fin l'entreprise.

Cet homme est très-petit de taille, maigre, chétif et laid ; mais on voit qu'il est doué d'une imagination incessamment active. On le nomme *Filippo Brunelleschi*. Il est né à Florence, en 1377. Il a quarante ans. Orfèvre d'abord, sculpteur ensuite, et définitivement architecte, lorsque du concours pour les Portes du Baptistère, Brunelleschi se fut généreusement retiré en faveur de Ghiberti, avec lequel il est ami, et avec Donatello, son émule, il s'en alla à Rome étudier les grands-maîtres et se livrer à la contemplation. Mais à la nouvelle que le Dôme de Florence est encore sans architecte, il arrive, se présente à la Seigneurie du Palais-Vieux, et propose d'élever à trois cents pieds, sans arcs-boutants, et se soutenant par elle-même, une coupole de cent trente pieds de diamètre, composée de deux coupoles inscrites l'une l'autre, sans armature de fer, sans échafaudage pour cintrer les voûtes. On regarde cet homme si laid, si petit, comme un fou : on le jette à la porte de l'assemblée des consuls et des intendants de la Seigneurie; et lorsque enfin, à force de persuasion, de fermeté, Brunelleschi fait accepter ses services, cette annonce cause dans Florence un soulèvement populaire. Effrayés, les consuls lui donnent Ghiberti pour collègue, ou plutôt pour contrôleur. Mais, l'œuvre à moitié faite, l'habile architecte met son collègue au défi de l'achever. Ghiberti, l'ingrat Ghiberti est contraint de se retirer. Aussitôt l'artiste triomphant élève sa coupole, la sœur, aînée de cent ans, de la coupole de Saint-Pierre de Rome. Il lui donne cent trente-un pieds de diamètre intérieur, un pied de plus que le Dôme de Saint-Pierre, un pied de moins que la coupole du fameux Panthéon d'Agrippa, à Rome, et de trois cent trente pieds d'élévation à partir du sol. L'épaisseur du tambour est de quatorze pieds (1). Aussi Florence demeure stupéfaite en face de cette merveille ; aussi la Seigneurie, les patriciens, les consuls s'extasient ; aussi, Michel-Ange, en voyant la coupole de Brunelleschi, s'écrie-t-il :

— Il est difficile de faire aussi bien, mais il est impossible de faire mieux !

Et quand ce grand artiste, appelé à Rome par le pape Jules II, pour succéder à Bramante, vint jeter un dernier coup-d'œil sur cette même coupole, en face de laquelle il avait retenu sa tombe, il dit encore :

— Adieu ! je vais essayer de faire ta sœur, mais je n'espère pas faire ta pareille !

Lorsque nous entrons dans la Cathédrale de Florence, nous éprouvons plutôt de la surprise que de l'admiration. Vaste nef longue de quatre cent vingt-six pieds, large de trois cent treize, haute de cent quarante-trois, composée de quatre immenses arcades ou travées en ogives : clefs des arcs saillantes et ornées des armoiries pontificales et du lis rouge sur un champ blanc de Florence. Majesté dans l'ensemble, aidée d'un demi jour tamisé par des vitraux peints à Lubeck, en 1434, par *D. Livi de Gambassi* qui jettent dans l'enceinte un ton favorable à l'effet des lignes simples de l'architecture. Ces verrières sont le chef-d'œuvre du genre. La couleur est si habilement ménagée qu'on prendrait certaines vitres pour des pierres précieuses.

Les yeux se portent immédiatement vers le gouffre aérien qui se montre béant et qu'on appelle la coupole. En 1572, *Vasari* avait obtenu de Cosme II la permission de la revêtir de fresques. Mais il mourut avant que fût achevé son travail. Ce sont des chœurs d'anges et de saints, imaginés, inspirés d'après le poème du Dante. Toutefois, certains personnages y sont revêtus d'un

_____

(1) Pour mieux faire juger l'aspect imposant de la coupole de Sainte-Marie-de-la-Fleur, disons ici que la coupole du *Panthéon*, à Paris, n'a que 62 *pieds*, et celle des *Invalides*, 73.

caractère à la fois rude et grandiose. On siffla ces fresques, quand on les découvrit.

Immédiatement sous la coupole se trouvent le chœur et le maître-autel : heureuse disposition qui révèle la destination de ce dôme sublime. Le fond du sanctuaire est caché par un groupe de marbre blanc qui représente l'ensevelissement du Crucifié, dernier ouvrage de *Michel-Ange*, à qui la mort ne permit pas de l'achever.

Dans l'ensemble, Santa-Maria del Fiore, produit à l'œil un effet moindre que le dôme de Milan, et que Saint-Marc de Venise ; mais le prodige des deux coupoles superposées, et dont la plus élevée jette une lumière qui semble venir des cieux, fait que l'on est pris d'un saisissement sacré et que l'on courbe la tête sous le poids de l'admiration qu'inspire ici la puissance du génie de l'homme.

Le dôme affecte la forme d'une croix latine. On appelle *Tribune de Saint-Joseph*, le bras droit de cette croix ; *Tribune de Saint-Antonin*, le bras gauche. Chacune de ces tribunes a plusieurs chapelles. L'une et l'autre sont constamment éclairées par neuf lampes qui brillent dans la pénombre. La tête de la croix a aussi une chapelle qui se nomme la *Tribune de Saint-Zénobe.* Saint Zénobe et saint Antonin sont très-honorés à Florence. Le premier est un pieux évêque que la tradition fait descendre de l'infortunée reine de Palmyre, Zénobie. Comment ? je ne saurai le dire. Le second fut archevêque de Florence, en 1389. Pieux, doux, charitable, plein de zèle et de simplicité, lorsque Antonin visitait son diocèse, il n'avait qu'une mule pour tout équipage. Ses dons aux pauvres épuisaient-ils sa bourse ? il vendait sa mule. Mais de bons fidèles la lui rachetaient, et cet étrange et édifiant trafic se renouvelait de telle sorte que le Saint avait toujours moyen de faire ses aumônes ordinaires. Les reliques de saint Zénobe et celles de saint Antonin sont renfermées dans les autels qui leur sont consacrés.

Entre la tribune de saint Joseph et le chœur, s'ouvre la sacristie qui, comme un musée, renferme bon nombre d'objets d'art. Ce fut là que se réfugia Laurent de Médicis, dit le Magnifique, lorsque les Pazzi, conjurés contre sa famille, venant de poignarder son frère Julien, couraient après lui pour l'égorger à son tour. D'autres souvenirs, plus heureux, se rattachent à cette cathédrale. C'est dans son enceinte qu'eut lieu le Concile œcuménique où fut enfin signé le décret de réunion des Grecs et des Latins.

En inclinant les yeux sur le sol, on admire la mosaïque de marbre qui couvre le sol et qui est attribuée à *B. d'Agnolo, Buonavalti et Fradd San-Gallo.*

On y voit aussi la méridienne, tracée en 1468, par *P. Toscanelli*, correspondant de Colomb, et qui a été renouvelée depuis.

Mais ensuite, en levant les yeux, et en faisant le tour de Sainte-Marie-de-la Fleur, on trouve une infinité de curiosités artistiques du plus grand prix. Voici d'abord deux monuments de l'art, l'un peint par *P. Vecello*, l'autre exécuté en relief, par *J. Orgagna*. Ils représentent les deux plus grands capitaines qu'ait soudoyés la République de Florence, *John Hawkwood*, condottiere anglais, et le Florentin, *Pierre Farnèse*. Le premier dont les Italiens prononcent ainsi le nom : Aucud ! était un vaillant homme de guerre, mais il sentait le diable d'une lieue. Au sac de Faenza, il entre dans un couvent, voit deux de ses officiers, qui se battent pour une jeune religieuse prosternée devant l'autel, et, sans leur dire mot, il va droit à la timide fille du ciel, et lui plonge froidement son poignard dans le cœur. Le second, Pierre Farnèse tout aussi intrépide que l'Anglais, gagna la célèbre bataille de San-Piétro, sur les Pisans, en 1363. Ces deux soldats sont réprésentés sur leur monture de guerre, et au moment de l'action. Mais la monture de Farnèse est un mulet : car dans cette bataille, ayant eu son cheval tué sous lui, Pierre Farnèse grimpa sur un mulet, et fondit ainsi sur les Pisans, à la tête de ses cuirassiers.

A quelques pas d'Hawkwood, que l'on surnomma aussi le *Faucon du bois*, signification de son nom anglais, on voit une vieille peinture représentant Dante en robe rouge, en face de Florence. Cet unique et chétif monument élevé par la république au poète qui l'illustra, est comme un souvenir vivant de l'ingratitude de sa patrie. Il est de 1465.

La porte de la Sacristie est ornée de bas-reliefs de *Lucca della Robbia*.

Enfin ici et là sont les mausolées de Brunelleschi et de Fiotto. Certes ! ils avaient bien mérité l'honneur de reposer dans une église que leur génie a rendue si fameuse et si belle.

J'omets une infinité de statues de *Donatello*, d'*A. Pisenco*, de *V. de Rossi*, de *N. Aretino*, de *Buccio Bandinelli* et de *Michelozzo*.

Toutefois l'aspect du dôme de Florence est beaucoup plus beau au-dehors qu'au dedans. Et cependant la riche façade que Giotto lui avait donnée fut démolie en 1558, dans le but de la remplacer par un portail plus en harmonie avec les bons principes de l'art. Mais alors on apporta si peu de soins intelligents dans l'enlèvement de ses marbres précieux, de ses élégantes colonnes, de ses fines sculptures, que de toute cette décoration splendide il ne resta que des débris. Hélas ! jamais depuis on n'exécuta la façade projetée; et un jour, quand Ferdinand de Médicis dut épouser Violente de Bavière, quelques peintres de Bologne couvrirent en hâte de leurs fresques la façade blanche et nue de Sainte-Marie del Fiore, pour faire honneur aux jeunes fiancés. Ce sont ces peintures dont on voit aujourd'hui les restes à peu près effacés.

Tout inachevé qu'il est, le Duomo florentin n'en est pas moins un chef-d'œuvre. Et si son aspect est magnifique, imposant, majestueux, il devient plus saisissant encore, lorsque, le soir, au clair de la lune, on fait le tour du colosse accroupi au centre de la place, et que l'on voit se détacher du temple de la terre, le temple aérien, sa coupole sublime, qui semble s'enlever vers les cieux.

L'endroit le plus propice pour jeter un coup-d'œil d'ensemble sur l'église de Sainte-Marie-de-la-Fleur, à l'extérieur, est le sud-ouest, un peu à droite, en débusquant de la Via del Calzajoli. De là, le regard embrasse les lignes principales du monument et s'arrête plus facilement sur l'énorme coupole. On distingue tous les ornements des murailles, leurs incrustations alternatives de marbre blanc et noir, leurs fenêtres ornées de colonnes en spirales, de pyramides et de statues; les portes latérales surmontées de sculptures de *Jean de Pise*, ou des mosaïques de Ghirlandajo, enfin les nombreux bas-reliefs qui les décorent. De là aussi, on voit admirablement et le Baptistère et le Campanile, qui en dépendent, tout isolés qu'ils sont, le premier en face du portail, le second sur le côté du vaisseau principal.

Suivant un antique usage, toute église épiscopale devait avoir un baptistère où, la veille de Pâques et de la Pentecôte, on administrait le Sacrement du Baptême. Cette coutume subsiste encore dans beaucoup de villes de l'Italie, où aucune église, autre que la cathédrale, ne possède de fonds baptismaux. A Florence, il en est ainsi. Son *Baptistère*, œuvre antique, jadis temple du dieu Mars, remonte au VIe siècle, et on prétend que ce fut Théodelinde, reine des Lombards, qui consacra au culte catholique cet édifice païen. Comme le Panthéon de Rome, le temple de Mars n'avait de jour que par l'ouverture ménagée au centre de la voûte, et qui la laissait exposée aux intempéries de l'air. On a vitré cet œil de l'église devenu chrétienne. Au XIIIe siècle, les murs ont été revêtus de marbre au-dehors. Dante affectionnait cette rotonde consacrée à saint Jean et l'appelait *il mio bel San Giovanni!* L'intérieur compte cinq autels rangés contre les cinq pans principaux de cette construction octogone. Les autres pans sont occupés par des portes. La décoration du maître-autel est composée d'une Résurrection en marbre blanc du plus grand effet. Mais les merveilles du Baptistère, et c'est à se mettre à genoux devant, sont les Portes de bronze de *Ghiberli*, cet ingrat ami de Brunelleschi, mais le plus patient, le plus habile, le plus fameux des sculpteurs. Michel-Ange trouvait ces portes dignes d'orner le Paradis. Je voudrais t'en donner le dessin, panneau par panneau, t'en peindre les sujets bibliques, t'en montrer les perspectives, les différents plans, les parties architecturales et les paysages, les nuages et l'éther, les bois et les bocages, les fleuves et les mers, les pastorales et les drames, Dieu et l'homme, les cieux splendides et la terre avec ses gracieux accidents, je ne pourrais qu'égarer ton imagination. A mon sens, c'est le chef-d'œuvre des chefs-d'œuvre.

Ici, on marche de prodiges en prodiges. Vient le *Campanile*.

Appelle ton imagination à ton aide, mon cher ami, et représente-toi un minaret haut de quatre-vingt-quatre mètres, revêtu des marbres les plus rares, peuplé des statues les plus riches qui distinguent chacun de ses étages, laissant voir ses attiques soutenues par les plus gracieuses colonnettes, sillonné de spirales, capitonné de bas-reliefs, et emportant l'âme de ses admirateurs vers les sphères célestes avec lesquelles il devait se confondre, car, *Giotto*, son auteur, avait le projet de le surmonter d'une flèche de trente mètres d'élévation, ce qui eût porté sa hauteur totale à cent quatorze mètres. On monte à la galerie qui le couronne par un escalier de quatre cent quatorze marches. Quel bel horizon de ce point élevé ! C'est de là que Florence se montre en un relief admirable aux regards étonnés, avec son dôme, ses églises, ses palais, sa mer de maisons, les sillons de ses rues, ses vastes et larges quais, son Arno, ses Cascines, San Miniato, Fiesole, Pistoïa, leurs collines, leurs prairies, leurs boccages et l'immense ceinture des Apennins. Crois-moi, mon très-cher, avec son poëme de marbre, avec ses charmantes statues, dont une de Donatello est si belle que l'artiste lui disait : Parle, car tu ris ! avec ses bas-reliefs, et sa taille de pierre précieuse si élancée, si svelte, si noble, le Campanile de Florence est sans rival au monde. Aussi Charles-Quint disait-il qu'il voudrait faire un écrin pour renfermer cet incomparable joyau.

Poursuivons notre promenade artistique, si tu veux bien, mon cher Gustave : je te promets une de ces surprises qui, jadis, t'eussent ravi au troisième ciel. Comme à Cluny, comme à Citeaux, comme dans toutes nos abbayes de France, tu n'y verras pas des arceaux en ruines, des voûtes effondrées, de gerbes de colonnes s'élançant vers l'empyrée, et jetées bas au milieu de leur route ; tu ne t'y heurteras pas contre des chapiteaux brisés et des tronçons trilobés gisant sur le sol : mais les cloîtres, les monastères que je vais te montrer, étant debout encore, tu y verras de ces beautés que, même en les ressuscitant, ne te feraient pas admirer, ni Jumièges, ni Solème, ni aucune de nos vieilles abbayes de France. Donc'suis-nous, Emile et moi, et, du Dôme de Florence, qui occupe le centre de la ville, marchons vers le nord-ouest, et pénétrons dans le Monasterio di Santa Maria Novella. Il est sept heures du matin, c'est l'heure favorable pour étudier les richesses de l'art qui y sont entassées.

Cette *Piazza Santa Maria Novella*, qui précède le couvent, est décorée de deux obélisques de granit, reposant sur des tortues, qui servent de foyers à l'ellipse que l'on dessine sur cette place, à l'aide de cordes, pour les courses de chevaux, appelés *Barberi*, qui s'y donnent, chaque année, aux fêtes de la saint Jean. Vaste est l'étendue de cet hippodrome. Dans tout le pourtour sont dressées alors des loges drapées des plus belles étoffes, richement pavoisées, et remplies de la gentry florentine dans ses plus ébouriffants atours.

Comme sont grises et sombres, malgré le soleil qui luit, les maisons de cette belle Florence, et comme elles sentent bien leur moyen-âge encore! Autour de cette place du Dôme que nous quittons, autour du Palais-Vieux, par ici même, quelles faces rebarbatives de palais lourds, crénelés, coiffés de tours! Combien les maisons des marchands et des bourgeois semblent humbles à côté! On se figure encore, tout comme dans l'ancien temps, voir sortir, le soir, de ces forteresses, à la lueur des torches, toute une famille enclose en ces murailles, le chef et ses fils, à cheval, leurs dextriers caparaçonnés eux-mêmes, bardés de fer, précédés d'estafiers, l'épée nue. Ils se ·rendent en visite. Les voici qui s'arrêtent devant un autre château fort. — Qui va là?» crie-t-on du haut des créneaux. C'est un sourdard en sentinelle, le pot de fer sur la nuque et l'arquebuse à la main qui signale les visiteurs. Des portes s'ouvrent : le cortège s'engloutit dans le colosse de pierres.

Mais le moyen-âge est trépassé. On ne pille plus le manant aux heures des ténèbres; le bourgeois timide ne se frotte plus les mains, au cœur du jour, en voyant se battre entre eux les seigneurs florentins. Et si, sur la ville planent encore les ravenelles de ces palais citadelles, les coupoles de Brunelleschi et le campanile de Giotto et de Taddeo Gaddi, vous révèlent que la renaissance est venue, qu'elle est défunte comme le moyen-âge, et que nonobstant les rues sombres, étroites, les monastères et les moines, nous sommes à une époque jeune et fraîche qui veut le calme et la paix, fruits de la civilisation. Certes! en regardant les dalles qui forment le pavé de Florence, se douterait-on que jamais le sang humain les a rougies? On ne voit voit plus dans les rues et sur les places que des visages joyeux, animés, à l'affut d'un plaisir, d'une fête, car on aime les fêtes et le plaisir par-dessus tout à Florence. Les hommes se saluent en gens affairés, et c'est après un amusement qu'ils courent. Les dames babillent à perdre haleine, ce qui n'empêche le jeu ni des yeux ni de l'éventail. Ne dirait-on pas des Florentins qu'ils ressemblent à des écoliers en vacances? Seulement les vacances sont perpétuelles à Florence. Point de visages flétris par la souffrance ! Point de traits amaigris, étiolés par un travail excessif ! Jamais de mines maussades, revêches : partout un ton gracieux, une voix sympathique, des paroles douces. Le peuple a pour lui l'aisance de la vie : le travail des chapeaux de fine paille le rend libre, indépendant et riche. Et ce travail est si simple, que tout en tressant ces merveilles que les dames de l'Europe admirent et envient, les femmes vont, viennent, caquettent et jabottent. Seigneur ! que leur langue est bien pendue! On peut dire qu'à chaque paille se rattache un flux de paroles à faire jouer tout les moulins à vent du globe !

Mais je m'écarte de mon sujet. Nous voici arrivés : les clochers qui nous font face, sur la Piazza, nous annoncent le *Couvent de Santa Maria Novella*. Entrons. Comme dans tous les monastères, cloîtres formant un vaste quadrilatère. Ne nous y arrêtons que pour saluer ces peintures murales en camaïeu, exécutées avec la terre verte, par *Paolo Uccello*, passablement endommagées, mais admirées néanmoins, surtout par l'école allemande moderne, qui en ornent le pourtour. Nous avons deux merveilles à voir, l'*église* et la *chapelle* : hâtons-nous.

Michel-Ange appelait cette église *sa fiancée*. Commencée en 1256, elle fut achevée en 1357. Elle eut aussi bon nombre d'architectes, *Siste*, *Ristoro*, deux moines; puis *Fra Borghèse* et *Fra Albertino*, deux autres moines ; enfin *Fra G. B. da Campi* et *Fra J. T. da Nippozano*, deux moines, encore. Mais les moines faisaient bien les choses quand ils s'en mêlaient. La façade est de 1350 à 1470. *L. B. Alberti* est son auteur.

Au-dessus du portail, crucifix par *Giotto*, première station.

Maintenant, à droite et à gauche, partout, merveilles sans nombres. D'abord remarquons une singularité de construction : les arcs des nefs latérales vont en diminuant de dimension, à mesure qu'ils approchent du maître-autel. C'est là un artifice employé par les architectes pour augmenter là grandeur apparente de ces arcs par un effet de perspective.

Annonciation, Résurrection de Lazare, par *Santi di Tito*.

Martyre de saint Pierre, par *Cigoli*.

Miracle de saint Raimond, par *G. Ligozzi*.

Monument de la bienheureuse Villana, par *M. B. da Settignano*.

Troisième station : Madone, par *Cimabué*. Voilà encore un des grand artistes de Florence. Né en 1240, et mort en 1310, Cimabué s'est rendu digne du titre de restaurateur de la peinture. Instruit dans son art par des peintres grecs que le sénat de Florence avait appelés, il ne tarda pas à surpasser ses maîtres. Giotto était pâtre lorsque Cimbué, l'ayant rencontré, découvrit et lui fit suivre sa véritable vocation. Lorsque Cimabué termina cette Madone destinée au monastère de Santa Maria Novella, le peuple s'en empara, et la porta en triomphe depuis l'atelier de l'artiste jusqu'à l'église où nous la voyons. Charles d'Anjou, des savants et des artistes assistaient à la marche triomphale de cette grande œuvre de l'art. C'est une peinture sublime. La Vierge est assise sur un trône. Elle tient sur ses genoux l'enfant Jésus qui lève le bras droit comme pour bénir. Six anges entourent le groupe sacré.

A côté du chœur, chapelle de Filippo Strozzi. *Filipino Lippi* en a fait les splendides peintures. Derrière l'autel s'élève le tombeau de ce Philippe Strozzi. P. Strozzi était le Caton de Florence. Il avait épousé une Médicis, Clarisse, fille de Pierre. Mais pour cela il n'en travailla pas moins à délivrer sa patrie du joug des Médicis. Vaincu et enfermé dans la citadelle de Pistoie, il s'y coupa la gorge en 1538, en apprenant qu'on allait remettre la place à Cosme. II. *B. da Majano* est l'auteur de ce mausolée décoré de figures allégoriques d'une exécution fine et gracieuse.

Voici le chœur, c'est-à-dire la perle de l'église, car le chœur fut entièrement peint à fresque par *Ghirlandajo*, en 1490. N'oublions pas que Ghirlandajo fut le maître de Michel-Ange. Nous sommes en face de cet admirable travail juste au moment où il est favorablement éclairé pour le voir. Cette peinture grandiose est d'un aspect grave, sévère et sombre dans l'ensemble : mais la grâce, l'élégance et la finesse de la touche brillent d'un vif éclat dans les figures de femmes. Les évangélistes au plafond, quantité de scènes bibliques dont les personnages sont les portraits du poète Poliziano, du philosophe Marsile Ficin, le restaurateur de la philosophie platonicienne, des membres de la famille Tornabuoni qui paya mille florins seulement ces fresques qu'elle avait commandées, de Ginevra de Benci, une des beautés du temps, etc., telle est cette œuvre sublime devant laquelle on s'arrête avec ravissement, et qu'on ne quitte qu'avec peine. Le détail des sujets demanderait dix pages. Un autre genre de chefs-d'œuvre dans le chœur sont les stalles, par B. d'Agnolo.

Toutes les formules admiratives me faisant défaut pour te parler d'un autre objet d'art unique au monde, j'ai recours à l'anecdote. Donatello, le fameux statuaire florentin, venait d'exécuter un crucifix pour l'église de Santa Croce, où nous l'avons vu. Son œuvre était ignoble. Brunelleschi, l'architecte par excellence, à sa vue sentit se révolter son talent de sculpteur. Il ne dit mot cependant : mais il se mit au travail dans le secret de son atelier. Il fit alors, en bois, un autre crucifix, et l'anima d'un souffle divin, lui imprima sur le visage une telle souffrance, et mit, dans l'attitude du supplice, une douleur si déchirante, qu'à le voir on est ému, on pleure. Son œuvre achevée, l'artiste la voila d'un rideau. A cette époque les mœurs des statuaires, sculpteurs, peintres et architectes étaient des plus simples. Nos deux amis, tout comme des artisans de nos jours, allaient, un matin, déjeuner ensemble. Donatello portait dans son tablier des œufs et quelques autres comestibles. Brunelleschi le met soudain en face de son crucifix. Fasciné, stupéfait, Donatello… admire et s'écrie :

— A toi seul de faire des christs, et à moi de produire de mauvais paysans !

Mais dans son extase, Donatello ne se souvient plus de ce qu'il porte. Son tablier lui échappe, et les œufs sont brisés pêle-mêle avec les autres provisions du repas.

C'est devant ce *crucifix de Brunelleschi* que nous nous trouvons, dans Santa Maria Novella, mon très-cher : c'est lui que, nous aussi, nous admirons, et c'est lui que nous te convions à admirer avec nous.

Je ne te parlerai ni de la *chapelle de Gaddi*, qui a un tableau du *Bronzino*, représentant J.-C. ressuscitant la fille de Jaïre, et des fresques à la voûte, par *Allozi*, ni de deux *Mausolées* sculptés par *Michel-Ange*. Ici ces merveilles sont la moindre chose. Je passerai sous silence la *chapelle Strozzi*, placée dans le transept. On y monte par un escalier que ferme une grille. Là, peintures murales d'*Andrea Orgagna* : Jugement final dans lequel figure Dante parmi les élus; Paradis où l'on voit un ange accompagner chacun des humains que le Christ couronne ; et Enfer qui a ceci d'étrange qu'il est divisé par séries. Des rochers séparent les séries, et un écriteau désignent les divers genres de supplices que l'on y endure. Les diables y croquent les damnés à belles dents. Et quelles grimaces font ceux-ci en se voyant dévorés vifs! Des centaures les percent de flèches. Il en est qu'un horrible sabre décapite sans relâche. D'autres sont brûlés sur des lits rougis au feu, fendus dans tous les sens, piqués par des serpents, etc. Quelques-uns on la tête à l'envers, ce sont des femmes. Beaucoup se battent entre eux, etc. C'est un ensemble curieux, mais bizarre. Je nommerai à peine une fresque de *Buffalmacco*, le Père éternel, la Vierge et des Saints, sur la porte du Campanile; et, sur la porte de la Sacristie, un Crucifix, de *Masaccio*. Dans a Sacristie, nous nous arrêterions bien un instant pour te montrer les merveilleuses peintures du Séraphique *Fra Angelico*, appliquées à un tabernacle, mais nous verrons ses plus belles œuvres au couvent de Saint-Marc. Enfin, j'omettrai la *chapelle de' Pasquali* qui a une Résurrection de *Vasari*, et bien d'autres choses encore, car j'ai hâte d'arriver à la chapelle des Espagnols.

Hélas ! je le disais tout à l'heure : j'ai mis fin à mon répertoire d'épithètes flatteuses, et cependant quelle provision m'en faudrait-il pour te peindre cette *chapelle delgi Spagnuoli ?* Elle ne fait point partie de l'église de Santa Maria Novella : elle en est complétement détachée, car elle est à la droite du cloître. Cette chapelle fut édifiée en 1350 d'apres le plan de *Fra J. da Nippozano.* Mais son architecture reste étrangère à notre admiration : ce qui nous appelle, ce qui nous ravit, ce sont les peintures murales de *Simone Memmi,* du côté E, N et S, et de *Taddo Gaddi,* au côté O. Voici de ces beautés d'art qui, à elles seules, valent un voyage. Simon, né à Sienne, appelé *Simon de Sienne,* et dit *Simon Memmi* par Vasari, fut l'un des fameux peintres du vieux temps, 1280 à 1344. Il travailla avec Giotto à la célèbre mosaïque représentant la barque de saint Pierre battue par la tempête, et peignit l'histoire des martyrs du palais des papes, à Avignon. Mais son œuvre principale est celle que je te désigne dans la chapelle degli Spagnuoli, à Sainte Marie Novella. Là, grande représentation de l'église Militante et Triomphante, servant de porche au Paradis. La cathédrale de Florence y figure dans l'état où la mort la fit laisser par A. di Lapo. On y voit le pape et l'empereur du moment sur leurs trônes. Des chiens, couleur de la robe des dominicains, — remarque bien le double jeu, *Domini cani, Domini cains,* — mettent en fuite les loups hérétiques et gardent les brebis. Cortége nombreux de conseillers autour du pape ; cortége nombreux de conseillers autour de l'empereur. Multitude immense se pressant à l'entour de ces cortéges. On signale, dans cette foule aux costumes du temps les plus curieux et les plus variés, on signale, dis-je, bon nombre de figures comme étant les portraits de Pétrarque, de Laure de Noves habillée de vert, de Boccace et de Fiametta, de Cimabué vêtu de blanc, avec barbe roussâtre et le capuchon en tête, et, à ses côtés, de Simon Memmi lui-même. En face de cette belle et large page, on n'est plus de ce monde, on vit au XIIIe siècle. Au-dessus, faisant perspective à ce portique du Paradis, on voit le ciel et ses splendeurs. Saint Dominique, — n'oublie pas que Santa Maria Novella est aux Dominicains, ces nobles chiens du Seigneur, Domini cani, — montre le chemin du ciel. Saint Pierre en ouvre les portes, reçoit les élus, les introduit parmi les anges, etc. Enfin le Christ est là dans toute sa gloire... En dernier lieu, au plafond, barque de Pierre agitée par les vagues de la tempète, symbole de l'église militante. C'est une composition splendide.

Du grand travail de *Taddeo Gaddi* (1), l'une des étoiles de la belle auréole d'artistes de Florence, au xiv° siècle, sache seulement qu'il reproduit le triomphe de saint Thomas d'Aquin, avec accompagnement d'anges, évangélistes, de prophètes, etc. A ses pieds se traînent les hérétiques vaincus, Arius, Sabellius, Averrhoës. Dans des niches figurent le droit civil avec Justinien; le droit ecclésiastique avec Clément V; la théologie spéculative avec Piëtro Maestro della Sentenze; la théologie pratique avec saint Boëtius; la foi Denys l'Aréopagite; l'espérance avec Jean Damascène; la charité [avec saint Augustin; l'arithmétique avec Pythagore; la géométrie avec Euclide; l'astronomie avec Ptolémée; la musique avec Tubalcaïn; la dialectique avec Aristote; la rhétorique avec Cicéron; et la grammaire avec Priscien. C'est une très-vaste composition, comme tu vois, et cependant j'analyse.

Je l'ai dit : le couvent de Santa Maria Novella est aux Dominiquains, « Ces farouches inquisiteurs, qui, jadis, ont fait brûler des hommes, y distillent aujourd'hui des simples. » Ainsi parle l'érudit et pieux M. Valery, et je le regrette. Mieux informé, et à des sources plus pures, M. Valery ne se ferait pas l'écho des dires d'un parti. Ce qu'il y a de bien certain, c'est que la pharmacie des R. P. est admirablement assortie de médicaments, d'essences, de parfums, etc. Nous en faisons une ample provision pour nos amis de France, surtout en Alkermesse, tout en visitant leurs magnifiques laboratoires.

Croiras-tu que dans un second cloître, où la curiosité nous pousse, nous reculons d'effroi? C'est une affreuse vision qui se montre à nous, celle des odieux Autrichiens, qui tiennent garnison jusque dans les monastères de Florence!

De touristes curieux devenons un moment pèlerins recueillis, rendons-nous pieusement de l'ouest à l'est de la ville, et, par la *Piazza Vecchia*, et les *Viæ Pozciaja, del Collegio* et *Larga*, de Santa Maria Novella, allons au couvent et à l'église de Saint-Marc, église et couvent qui appartiennent aussi aux Dominicains. C'est là que Savonarole fut prieur, c'est là qu'il vécut, c'est de là qu'il prétendit réformer Florence, sa république, et la religion,

(1) *Gaddi* ou *Gado Ange*, peintre, imitateur de Cimabué, naquit à Florence, 1239 — 1312. Il s'adonna spécialement à la mosaïque et fut chargé, par Clément V, de faire les grands souvrages de ce genre dans la Basilique de Saint-Pierre.

Taddeo Gaddi, son fils, peintre et architecte, fut élève de Giotto, 1300 à 1352. Il acheva le Campanile de Sainte-Marie-de-la-Fleur, et c'est sur ses dessins que fut construit le Ponte-Vecchio. En peinture, ses œuvres capitales sont la *Fresque de la Chapelle des Espagnols* de Sainte-Marie Novella; le *Christ entre les Larrons*; la *Décollation de saint Jean-Baptiste*; la *Tête de saint Jean dans le plat*; *Hérode livré aux Démons*, etc.

et c'est de là encore qu'il sortit pour marcher à la prison, au bûcher, à la mort. Mais aujourd'hui ne nous occupons point de Savonarole, le réforma-teur. Sans doute visitons sa modeste cellule, son église, et même le tableau, — tout caché qu'il est, page horrible ! qui représente son affreux supplice, — mais songeons surtout à y contempler les inimitables chefs-d'œuvre de *Fra Angelico*. Très-bien : l'église, au point de vue architectural, est de *Jean de Bologne* ; on y trouve des bas-reliefs en bronze de *Portigiani*, des peintures d'*Angiolo Bronzino*, des fresques de *Passignani*, les riches or-nements de la coupole de *Procetti*, la Vierge et les Saints de *Bartholomeo della Porta*, l'une des perles de cet écrin, car della Porta, converti par Savonarole, jeta au feu sa palette profane, et vint se faire moine dans ce cou-vent où il pleura ses fautes, et composa cet immortel chef-d'œuvre ; nous y voyons même les tombeaux du grand et incomparable savant Pic de la Mi-randole, et du poète Politien... Tout cela est parfait. Mais de grâce, Fra An-gelico, ses œuvres fines, suaves, délicieuses, inimitables, uniques, s'il vous plaît. Vite et bien vite du Fra Angelico ! Nous sommes servis à souhait, mon cher Gustave. Regarde : dans l'église, dans la sacristie, dans le réfectoire, dans le cloître, dans les escaliers, dans les cellules, et jusque dans les gre-niers. Voici saint Dominique au pied de la Croix ; le Christ accueilli dans le couvent comme pèlerin : le Silence, symbole de la vie contemplative ; le Christ dans le tombeau ; le chemin de la Croix ; le Pélican, symbole de la mort du Christ ; l'Annonciation ; la Nativité ; le Baptême ; la Transfigura-tion, etc., etc. Or dans toutes ces peintures règnent une grâce, une élégance, une finesse, une sérénité, un sentiment extatique que l'on ne retrouve nulle part ailleurs. Ses peinture sur fond or, à la manière byzantine, surtout, charment le regard. La puissance de cette école semble venir se mettre à fin sous le pinceau de Fra Angelico, et expirer dans sa personne, comme l'ins-trument de sa dernière et plus forte expression.

Que j'aurais à dire, mon cher ami, sur Fra Angelico, *Jean de Fiésole*, comme on l'apelle aussi ! « Ce moine peintre fut appelé *Angélique*, comme Moralis, en Espagne, fut nommé Divin, pour avoir admirablement exprimé sur la toile l'ardeur des sentiments chrétiens et l'extase de la béatitude, » dit M. Viardot. Modeste, simple, pieux, charitable, sobre et chaste, Fra Ange-lico refusa d'être archevêque de Florence, et fit nommer à sa place un pauvre moine de son couvent. Peintre très-laborieux de fresques, de rétables, de tableaux, de chevalets, de miniatures sur les livres, il ne peignait pas sans avoir fait sa prière, ne commençait aucun tableau sans la permisson de son prieur et ne retouchait pas ses ouvrages, disant que Dieu le voulait ainsi... »

N'est-ce pas admirable! Eh bien! très-cher, ce qui est admirble ici le devient encore davantage en face des œuvres saintes de ce saint reclus.

Mais il nous faut le quitter. N'avons-nous pas à voir l'*Eglise de Sainte-Croix, Santa Croce*, comme on dit tout simplement à Florence. Située sur la *Piazza Santa Croce*, célèbre dans les annales de la ville à cause des rassemblements populaires de cette place, à l'est du Duomo, cette église est l'œuvre d'*Arnolfo di Lapo*, en 1294. Cet architecte était infatigable. « Ce vaste monument, dit M. Valery, nu, sombre, austère, éclairci par de superbes vitraux gothiques, rempli d'illustres tombeaux, a été appelé à juste titre le *Panthéon de Florence*; et certes! on ne vit jamais si bonne compagnie de morts. » C'est là que reposent, en effet, Galilée, Michel-Ange, Machiavel et Alfieri. Trève des statues de *Danatello*, de *B. Lorenzi*, de *Cioli*, des peintures de *Vasari*, etc. Parlons seulement des Tombeaux. D'abord, l'église affecte la forme d'un T. Note bien ensuite que, quoique dite « nue, sombre, austère, » par M. Valery, c'est l'église de Florence la plus ornée de marbres, de dorures, de peintures et de fresques. Mais passons.

Voici le Tombeau du Dante! Tombeau vide, bien entendu, puisque le poète refusa ses os à sa patrie ingrate. Poésie pleurant son meilleur élève, d'un côté; de l'autre, figure symbolique, Florence probablement, mettant le doigt sur ces mots de la divine comédie : Honorez le grand poète! Sur la base, cette inscription :

DANTI ALIGHIERIO
TVSCI
Honorarivm Templum a Majoribus
Ter frustrà decretum Anno MDCCCXXIX
Feliciter excitarunt.

Un peu plus loin se dresse l'effigie de Dame Politique. Elle est assise, et d'une main tient une balance, de l'autre un médaillon. Une épée, une carte de géographie achèvent de compléter les emblèmes d'un homme d'Etat. Ne salue pas, c'est le Tombeau de Nicolas Machiavel, et un monstre ne mérite pas un salut. Avant de lui rendre cet honneur d'un mausolée, Florence attendit deux siècles. Qu'elle eut bien fait de ne jamais se souvenir! Aussi celui qui fut chargé de composer l'inscription du sépulcre, s'en est tiré par une gasconnade. Lis :

Tanto nomini nullum par elogium!
(Pour un tel nom pas d'éloge possible !)
NICOLAUS MACHIAVEL.

A quelques pas de là, nous lisons avec plus d'intérêt cette autre inscription :

GALILÆUS GALILEIUS
Patric. Flor.
Geometriæ, Astronomiæ, Philosophiæ
Maximus restitutor nulli ætatis suæ comparandus,
Hic benè quiescat. Vixit anno LXXVIII
Obiit A. CIC. IC. C. XXXXII.

Galilée Galilei, né à Pise, en 1564, d'une famille noble, mais pauvre, fut destiné par son père à la médecine; mais il abandonna bientôt cette étude pour celle des sciences mathématiques qu'il affectionnait. Il y fit de tels progrès que dès l'âge de vingt-quatre ans, les Médicis le donnèrent à l'université de Pise, comme professeur. Inquiété dans cette ville à cause de la hardiesse de ses idées en physique, il résigna sa chaire, en 1592. Mais, nommé professeur à Padoue, il y fit d'importantes découvertes. Après vingt ans de travaux, mandé en Toscane par le Grand Duc, il vint se fixer à Florence. Il y jouissait de la plus grande faveur, lorsque sa vie fut empoisonnée. Ayant publié dans un ouvrage, d'après Copernic, *que la terre se mouvait et que le soleil était immobile,* il se vit, en 1633, dénoncé au tribunal de l'Inquisition de Rome, et accusé d'avoir voulu interpréter la Bible à sa façon, pour la concilier avec le système de Copernic. Condamné à l'âge de soixante-dix ans, il fut contraint d'abjurer à genoux ses interprétations hasardées et fut privé de sa liberté. Mais tout en prononçant l'abjuration prescrite, il ne put s'empêcher de dire à demi-voix :

— *E pur si muove!* Et pourtant la terre se meut!

Toutefois il ne fut pas plongé dans les cachots de l'Inquisition et ne mourut pas en captivité. Le logement d'un des officiers de l'Inquisition fut sa prison d'abord, et ensuite il put résider dans une maison de campagne, voisine de Florence. Il y mourut, en 1642. J'ai bonheur à te dire que j'ai

visité cette maison qu'occupa l'illustre savant, et que, dans un musée de
Florence qui est spécialement consacré à Galilée, j'ai vu de lui les deux
premières lunettes d'approche qu'il fit établir, l'une en simple carton, l'autre
en cuir recouvert de maroquin. Son compas et divers instruments d'étude
accompagnent ces reliques précieuses. Enfin, là aussi, nous avons vu le doigt
indicateur du grand savant, détaché de son corps, et placé dans un cristal en
forme de reliquaire.

Vient ensuite le Tombeau de Michel-Ange, que composent trois belles
statues de divers sculpteurs. On lit sur le socle :

MICHAELI–ANGELO BUONAROTTI
E Vetustà Simoniorum Familià
Sculptori, Pictori, Architecto,
Famà omnibus notissimo.

Laissons maintenant dans leur silence et leur isolement les Sépulcres de
Victor Alfieri, de la comtesse d'Albany, et de beaucoup d'autres personnages; et pendant que nous sommes dans le quartier au sud-est, remontons
jusqu'à la *Piazza dell'Annunziata*. Ne nous occupons point de la place
splendidement décorée de portiques : mais entrons dans ce Cloître qui
précède l'Eglise et le Couvent de l'Annonciade. Ce n'est qu'une sorte
d'Atrium, ce cloître, mais quelles splendides peintures le décorent!

Vers 1490, il y avait à Florence un simple tailleur d'habits qui s'appelait
André Vanucchi. La fortune le favorisait peu et cependant elle lui donna un
fils dont il voulut faire un orfèvre d'abord, puis qu'il mit en apprentissage
chez un peintre, et qui bientôt, illuminé par le génie, devint un tel artiste
qu'on ne parla plus dans le monde des arts que du fils *du tailleur, Andréa
del Sarto.* Son nom de famille *Vanucchi* fut perdu dans l'appellation
d'André, fils du tailleur, Andrea del Sarto. Il advint que comme le talent
n'enrichit pas toujours l'homme qu'il inspire, Andrea del Sarto restait pauvre.
Les R. P. de l'*Oratoire del Scalzo* vinrent le trouver un jour et ne craigni-
rent pas de lui proposer de peindre une vierge sur la façade de leur église,
moyennant un sac de blé. Le peintre, qui avait faim, accepta. Il peignit
merveilleusement le dessus de porte, mais, en même temps qu'il produisait
un chef-d'œuvre, il rendit l'univers entier témoin de l'abus que l'on faisait
de son indigence. Le salaire d'un sac de blé figura dans la fresque qui s'appelle aujourd'hui la *Madone au Sac....*

L'atrium ou petit cloître de l'Annunziata, dans lequel je t'introduis, est également peint, en partie du moins, par *Andrea del Sarto*: Saint Philippe est représenté donnant son manteau à un lépreux, d'une part; de l'autre, il fait tomber la foudre sur des joueurs; puis il délivre un possédé. Enfin on le voit mort, et le simple attouchement de ses habits guérit des enfants et ressuscite des adolescents. La simplicité, le sentiment qui anime les figures, tel est le caractère de ces fresques. Mais en même temps la tête de saint Philippe, appelant la foudre, rayonne d'une grandeur sévère. « Rien de naïf et de pénétrant comme l'expression du visage de l'enfant rendu à la vie, » dit M. Paul de Musset. La chronique raconte qu'après la mort d'Andrea del Sarto, Michel-Ange et le Titien se rencontrèrent sous ce portique, et qu'ils tombèrent d'accord sur ce point que pour payer la valeur de cet ouvrage, les Servites de l'Annunziata, qui ne payèrent ces fresques que dix écus, chacun, auraient dû les payer cent mille francs. A l'époque d'Andrea del Sarto, les Servites étaient pauvres, sans doute; mais ils ont fait fortune depuis. J'ai assisté à un office dans leur église, qui est une œuvre magnifique du XIIIᵉ siècle. Ne disons rien de la délicieuse musique que j'y ai entendue, mais apprends au moins que dans aucune église au monde, je n'ai vu pareille profusion de richesses en marbres, dorures, tribunes dorées, fresques, peintures, tribunes d'orgues, draperies, statuettes, etc., candélabres d'argent massif énormes, au nombre de trente-deux, lustres d'une magnificence inouïe en cristaux de roche, etc.

Combien l'illustre peintre dut se trouver heureux lorsque, la renommée de son talent s'étant répandue dans l'Europe entière, un jour, il reçut de la cour de France un message qui l'appelait au Louvre. Mais, hélas! sans expérience de la vie, le fils du tailleur, après quelques succès, ayant reçu de François Iᵉʳ des sommes considérables, pour aller en Italie faire l'acquisition de statues antiques et de tableaux des grands maîtres, Andrea del Sarto, qui jamais n'avait ressenti l'éblouissement de l'or, perdit la tête, et, croyant que son trésor ne devait jamais arriver à sa fin, fit de folles dépenses et dissipa l'argent qu'on lui avait confié. Vainement chercha-t-il à expliquer sa conduite : jamais plus François ne le reçut en grâce; et Andrea dut rester en Italie, où, après avoir traîné une misérable existence, il mourut de la peste, à Florence, en 1530.

En 1417, au mois brumeux de décembre, à la tombée du jour, le tocsin sonnait dans Florence. Les manants de sortir de leurs demeures pour s'enquérir du sinistre, et, renseignements pris, la foule de se porter, haletante, vers un point de la ville que l'on disait livré à l'incendie. En effet, sur une vaste piazza, située au nord-est de la Place du Dôme, brûlait une antique église que saint Ambroise, archevêque de Milan, était venu bénir jadis, et qui était l'un des joyaux historiques de Florence. Hélas ! nul espoir de l'arracher aux flammes. Elles enveloppaient de telle sorte l'édifice qu'il fallut leur abandonner leur proie qu'elle dévoraient. Tout chacun gémissait sur la perte de cette église : mais parmi les curieux, deux hommes surtout s'affligaient amèrement de l'accident dont ils étaient les témoins.

— Pour mon compte, disait l'un, je rebâtirai volontiers à mes frais la sacristie, et je relèverai le maître-autel.

N'oublie pas, mon cher Gustave, qu'en Italie, les sacristies sont généralement de véritables églises, filles de l'église principale, leur mère.

— Faites-mieux, disait l'autre, reconstruisez l'église dans son entier, je serai volontiers votre architecte, et vous, avec votre bourse, et moi, avec le talent que... j'ai reçu du ciel, nous arriverons, à nous deux, à livrer à Florence, notre patrie, un monument dont elle sera fière

Le premier de ces hommes était *Giovanni di Bicci dei Medici*, l'un des plus riches marchands de la ville ; le second s'appelait *Brunelleschi*, et ce nom te dit qu'en lui on voyait le plus habile architecte de son temps. L'accord se fit entre ces deux personnages.

Et huit ans après, par la bourse de l'un et le génie de l'autre, s'élevait la nouvelle *Eglise de San-Lorenzo*, avec l'addition de la *Vieille Sacristie* et de la *Nouvelle Sacristie*, trois monuments pour un.

Seulement, si Brunelleschi travailla pour la gloire, le Médicis travailla pour l'intérêt de sa famille que la fortune allait mettre sur le pinacle en lui livrant la souveraineté dans Florence. De cette église, digne de la magnificence d'un grand seigneur, le trafiquant G. di Bicci dei Medici fit un Saint-Denis pour sa personne et pour les siens.

Ainsi repose-t-il dans un tombeau en marbre, ouvrage de *Donatello*, placé dans la Vieille Sacristie, au centre de l'édifice et sous la coupole dont les Evangélistes qui la décorent, les portes en bronze de la chapelle et les frontons qui les couronnent sont du même *Donatello*, et ont une bien autre valeur que son Christ de Santa-Croce.

Ainsi le Tombeau de Cosme Ier de Médicis, dit l'Ancien et surnommé le Père du Peuple, qui pourtant le chassa deux fois, est placé à l'ombre du grand-autel, dans l'Eglise-mère.

Ainsi dans une salle contiguë à la Vieille Sacristie, *Andrea del Verrochio*, cet autre sculpteur et peintre de Florence, et sa gloire de 1422 à 1488, cet artiste si habile pour avoir dignement usé des leçons de Donatello que Sixte IV le manda à Rome, éleva le mausolée de Jean et Pierre de Médicis, qui approuva davantage son immense talent.

Quant à la Sacristie Nouvelle, avec laquelle on communique par l'Eglise, ou dans laquelle on entre par la *Via delle Cantonelle*, on peut dire qu'elle est de Michel-Ange, car ce fut lui qui l'acheva. Découvrons-nous pieusement, à double titre, mon cher, car nous entrons là dans un de ces sanctuaires de l'art italien, consacrés à une éternelle admiration. La Sacristie Nouvelle montre d'abord le Tombeau de Laurent II de Médicis, celui que Michel-Ange représenta dans l'attitude méditative qui a fait donner à la figure de Laurent le nom de *il Pensiero*, le rêveur, le penseur. Ce sépulcre est surmonté de deux statues. Que représentent-elles? Nul ne saurait le dire : seulement on les désigne sous le nom de l'*Aurore* et du *Crépuscule.* « Rien, dit M. du Pays, rien, dans leur aspect, n'explique cette interprétation plutôt qu'une autre, et aucun symbole ne lui vient en aide. Ces figures ne se lient pas davantage avec celle de Laurent. Quant à celui-ci, rien dans sa vie ne justifie l'attitude de profond penseur que lui a donnée Michel-Ange. Tout cela tombe donc à faux, on doit le reconnaître. On est dans le domaine de la fantaisie pure, — mais de la fantaisie la plus grandiose qui ait jamais passé par la tête d'un artiste. Toutefois on ne songe pas à lui demander compte de la vérité ; car on est subjugué par la nouveauté, la force et la science de ces chefs-d'œuvre. »

La Sacristie Nouvelle est fort petite, et c'est sur l'un de ses côtés que se trouve ce mausolée en marbre. Sur l'autre côté, quand on se retourne, merveille plus étonnante encore peut-être : Tombeau de Julien II de Médicis. Il est représenté assis, tenant sur ses genoux le bâton du commandement. Mais un peu plus bas se dressent les deux figures du *Jour* et de la *Nuit.* Fantaisie encore, mais quelle sublime fantaisie ! Est-ce la vie active mise en opposition avec la vie contemplative, comme on le dit? Je l'ignore. Ce que je sais, c'est que, pour comprendre ce qu'il y a de supérieur, d'admirable, de grandiose, dans ces quatre symboles l'Aurore, le Crépuscule, le Jour et la Nuit, il faut les voir... La Nuit, pourtant, est moins indécise dans la signification de sa forme. Aussi l'Europe artistique fut en extase à la vue de cette création. On écrivit au-dessous :

« Cette figure qui dort est vivante! Si tu en doutes, éveille-la, et elle te parlera... »

Michel-Ange, en lisant ces lignes, saisit son poignard, et grava à côté ce quatrain d'une énergie sans égale. car il songeait aux malheurs de sa patrie :

> Grato m'e il sonno, e piu l'esser di sasso,
> Mentre che il danno e la vergogna dura;
> Non veder, non sentir m'e gran ventura.
> Però non mi destar! deh parla basso !

Vient la *Chapelle des Médicis*, construite sous le règne de Ferdinand Ier, sur le dessin de Jean de Médicis, son frère. Commencée en 1604, elle est achevée depuis peu. On avait pour but, en l'érigeant, d'y placer le Saint-Sépulcre, que l'Emir Facardin avait promis de livrer à Florence. Mais la parole de l'Emir n'ayant pas été tenue, Cosme III consacra la chapelle à la sépulture de sa famille. Vaste et haute, ses murailles sont revêtues de pierres dures et de marbres les plus précieux. Cosme III y repose dans un magnifique tombeau que surmonte sa statue en bronze doré, par *Jean de Bologne*. Nous y voyons aussi les mausolées de Ferdinand Ier par *Tacca*, et ceux de Cosme II, de François et de Cosme IV.

Mais il n'y a plus d'impressions à subir quand on a contemplé l'Aurore, le Crépuscule, le Jour et la Nuit de Michel-Ange.

Je ne te dirai rien des autres Eglises de Florence, mon cher ami.

En toute autre ville que Florence, cher cousin, j'aurais des prodiges à te raconter de l'*Académie des Beaux Arts*, dont les salles regorgent des plus belles peintures des grands maîtres. Mais après Pitti, après les Offices, que dire des mille objets d'art entassés dans l'Académie ? Il me suffit de la nommer comme l'une des pinacothèques les plus riches du monde.

Peut-être devrais-je te parler aussi de la *Bibliothèque Laurentienne* qui fait partie des bâtiments de l'Eglise Saint-Laurent, et qui compte neuf mille manuscrits attachés par des chaînes à quatre-vingt pupitres ? Mais alors, je devrais te signaler de même sous le Portique des Offices, la *Bibliothèque de Magliabecchiana*, fondée par *A. Magliabecchi*, un orfèvre du Pont-Vieux, et qui compte cent cinquante mille volumes ; et la *Bibliothèque Maruccelliana*, création de l'abbé Maruccelli, qui y réunit soixante mille volumes ; et la *Bibliothèque Riccardiana*, où l'on trouve trente mille ouvrages, parmi lesquels figure l'Histoire Naturelle de *Pline*, du XIe siècle, le plus ancien manuscrit qui existe ; et la *Bibliothèque Palatine*, du Palais Pitti, où l'on voit des manuscrits du *Tasse*, de *Galilée*, de *Machiavel*, de *B. Cellini*, etc., et la *Bibliothèque de l'Académie des Arts*, et les *Archives*, et les *Cabinets de Cire* du grand duc, etc. Mais alors, ce serait à n'en plus finir.

Je ne vais pas encore quitter Florence, mon très-cher ; je suis à trop bon hôtel pour m'échapper de l'heureux asile que j'y ai trouvé, et d'une ville où tout est séduction, enivrement et bonheur. Je veux tout revoir encore, Palais, Eglises et Musées, dix fois, vingt fois, si possible. Seulement, pour nous reposer un peu de l'étude de l'art par l'examen de la nature, M. Perkins, et la bonne Mathilde que tu connais, entreprennent avec nous une série d'excursions dans le voisinage de Florence. Je ne t'enverrai donc cette lettre qu'après les avoir mises à fin, et j'y joindrai le compte rendu, très-rapide, de ces promenades dont je me fais fête.

Fiesole, 25 novembre 185...

Ce matin, favorisés par un ciel comme l'Italie seule peut en offrir, et par cette douce brise que les anciens appelaient *favonius*, nous sommes venus à *Fiesole*, avec M. et Mme Perkins. Sortis de Florence par la Porte San-Gallo, nous y avons vu les belles fresques de *Ghirlandajo*, et l'Arc-de-Triomphe qui la précède, élevé par François II, en 1738. A peine hors de la ville, la route monte à travers des collines que bordent une suite non interrompue de villas, de castels, de maisons de campagne et de simples bastides. En passant, nous avons visité le *Poggio-Gherardi* où Boccace met en scène les héros de son Décaméron. Sous les magnifiques ombrages et au bord des eaux fraîches de ce paisible retiro, nous avons inutilement cherché les jeunes fous et les femmes plus folles encore qui, pour oublier les horreurs de la peste sévissant à Florence, se débitaient les comtes les plus excentriques. Enfin nous gravissons la rampe de l'Apennin, et bientôt nous atteignons les pans de murs cyclopéens de Fiesole. Interrompus çà et là par de larges brèches, ces curieuses portions d'antiques murailles dessinent encore suffisamment leur périmètre pour que l'on puisse voir que Fiesole était jadis fort étendue.

A quelle époque remonte son origine ? Nul ne saurait le dire ; elle se perd dans les ténèbres des âges. Ce qu'il y a de certain, c'est que ses habitants furent adonnés au commerce, et qu'afin de faciliter leurs relations, ils descendaient sur les rives de l'Arno, et y établissant leurs comptoirs et leurs échantillons, à certaines époques de l'année, ils fondèrent ainsi Florence. Aujourd'hui, du commerce de Fiesole pas de vestiges ; c'est une ville morte. A peine rencontre-t-on dans ses rues quelques pâles figures, qui ont un air effaré en

vous apercevant. Sans les provisions de bouche dont Emile a bourré notre
calèche, nous aurions couru risque de mourir de faim. Mais, en échange,
Fiesole nous offre une admirable vue sur la Vallée de l'Arno, Florence et la
chaîne de l'Apennin qui, décrivant un cercle immense, vers le nord-ouest,
va se rattacher dans un lointain horrizon aux montagnes qui fournissent le
beau marbre de Carrare, du côté de Gênes.

L'antique Fiesole se composait jadis d'une Acropole et d'une ville inférieure. Les hauteurs de l'Acropole sont aujourd'hui couronnées par les bâtiments d'un *Couvent de Franciscains*. Nous y visitons les R. P., qui nous
font le plus fraternel accueil. Quelle pauvreté, quel dénument, mon cher ami!
Certes! on ne fera pas la guerre à ces religieux pour leurs richesses. Et cependant je les crois les hommes les plus fortunés du globe! Qu'ils sont heureux dans leur isolement, et avec quel détachement des choses d'ici-bas ils
lèvent leurs mains vers le Seigneur, ainsi placés entre le ciel et la terre. Ils vivent au milieu de leurs morts, et leurs morts sont plus vivants qu'eux-mêmes. Nous parcourons leurs jardins d'où la vue donnerait le vertige si l'admiration n'était pas la première impression de l'âme. Nous cueillons dans
leur petit bois de très-jolies fleurs pour Mathilde, qui nous attend à la porte.
Je t'envoie sous ce pli le plus beau *ne l'oubliez pas !* que j'aie vu de ma vie.

La *Cathédrale*, qui date de 1028, est édifiée en forme de basilique! Nous
y trouvons d'abord le Mausolée d'un évêque, ensuite un Tabernacle par *Mino
da Fiesole*, puis quelques fresques de Ferrucci, et enfin nous y assistons à
l'office des morts célébré par l'évêque, car, quoique réduite à l'état de ruines
et comptant à peine quelques maisons de ville et de campagne, Fiesole est la
résidence d'un évêque. Ainsi, dans cette vénérable basilique âgée de
près de mille ans, j'ai eu la consolation de prier pour ceux qui ne sont plus,
mais dont le souvenir vit dans mon cœur...

Nous venons de prendre notre repas à l'ombre des ruines d'un palais étrusque. Sur l'une des pierres, nous voyons gravés au couteau le chiffre de 1254,
par quelque promeneur du temps, qui flânait comme nous. Je grave à côté
notre an de grâce 185... Qui sait si on ne le remarquera pas dans huit cents
ans? Et, pendant que je t'écris ces lignes sur mes genoux, j'entends Emile
qui joue avec Mathilde, dans les souterrains et les décombres d'un amphithéâtre antique. Tout à côté de moi se montre, béante, l'ouverture d'un sépulcre récemment fouillé et dans lequel on a trouvé un cadavre avec des bijoux
aux bras, aux mains et au cou. Le squelette est encore là, mais le proprié-
taire du sol a pris les bijoux, etc., qu'il veut bien nous vendre, mais à des
prix fabuleux. Dante, dans son xvᵉ chant du Paradis, parle de Fiesole et cé-

lèbre les souterrains que je te signale. Je te renvoie au grand poète, et je te
quitte.

Mais non, je ne te quitte pas encore. J'oubliais de te dire quelques mots du
Pratolino, un charmant petit village italien, que du haut de l'Acropole et du
point que j'occupe, je vois niché dans une pli des ondulations de l'Apennin,
juste au pied de Fiesole, mais du côté opposé à Florence. Là, sous l'ombrage
des platanes et des sycomores, au milieu des décombees d'un délicieux palais
qu'éleva *Ruonttalenti*, que décorèrent tour à tour les Médicis, mais surtout
Francesco Iᵉʳ, et que l'oubli, l'incurie et la main des hommes démolirent na-
guères ; là enfin, parmi les merveilles hydrauliques et bizarres de ce petit
Versailles, et proche du colosse de marbre haut de vingt mètres, que *Jean
de Bologne* et ses élèves produisirent sous le nom symbolique de l'*Apennin* (1), erre chaque soir, toutes les nuits, et souvent le jour, l'ombre éplo-
rée de la belle Bianca Capello, cette aventurière échappée de Venise, qui
vient mettre le désordre dans le cœur d'un prince et ses Etats en deuil.

C'était en 1563. Par la fenêtre d'un de ces beaux palais qui rendent si
merveilleuse la splendide cité des Lagunes, s'échappait une de ces filles d'E-
ve aux cheveux d'or, pétrie de grâces, de fantaisies et d'intrigues, dont le
P. Véronèse nous a laissé le type dans ses tableaux. *Bianca*, c'est le nom de
cette Vénitienne, était fille du seigneur *Capello* ; mais, fatiguée de la vie calme
de la demeure paternelle, Bianca, à la suite de *Pietro Bonaventuri*, s'enfuyait
de Venise, pour venir à Florence chercher la fortune. A Florence comme à
Venise, cette femme ardente se signala bientôt par d'étranges excentricités.
Désertant Bonaventuri, ce fut au grand duc lui-même, *Francesco*, qu'elle ten-
dit des pièges, et le grand duc se laissa prendre dans ses filets. Elle eut d'a-
bord pour retraite avec sa royale victime le délicieux Pratolino que voici ;
mais ensuite, la pauvre Jeanne d'Autriche, la grande duchesse de nom, étant
morte de chagrin, Bianca ceignit la couronne grand'ducale, et le gouvernement de Florence ne marcha plus que par ses ordres et sa volonté. Ne te figure pas trop jolie cette Circé vénitienne, mon très-cher : j'ai vu son portrait
dans le Palais-Vieux, et franchement je n'ai pas été séduit. Notre Montaigne,
qui fut reçu à sa table, nous dit : « Cette duchesse a un visage agréable et
impérieux, le corsage droit et plein : mais elle me semble avoir la suffisance

---

(1) L'*Apennin* de Jean de Bologne est le plus haut géant de pierre qu'ait taillé la main
des hommes. Paisiblement assis, il mouille ses pieds énormes dans un grand bassin vraiment
digne de lui. S'il se dressait, sa taille serait d'au moins 80 pieds.

de se jouer du prince. *Le duc mettait assez d'eau dans son vin : elle que*
point ! » Quoiqu'il en soit, pour l'avoir vue vendre les charges au plus offrant,
tout brouiller et rire du désordre, Florence prit en haine Bianca Capello.
Aussi la Vénitienne revint-elle à Pratolino cacher ses ennuis. Or, un soir,
que Ferdinand, frère de Francesco et son héritier, était avec Bianca et son
époux dans ce manoir de Pratolino, la duchesse fut prise d'étranges douleurs. Sympathie ou effet du hasard, les mêmes douleurs mirent au même
instant Francesco en grande géhenne. Puis il advint que le lendemain, presque à la même heure aussi, le duc et la duchesse moururent après une cruelle
agonie. On osa dire que Ferdinand les avait empoisonnés afin de régner à
leur place. Ce qu'il y a de certain, c'est que depuis leur mort, Pratolino fut
abandonné. Jamais la cour de Florence n'y revint ; et il en est qui affirment
que souvent dans les brumes du crépuscule, on voit apparaître une ombre
blanche qui se promène dans les ruines. On va même jusqu'à nommer cette
ombre Bianca Capello.

Voilà le court récit que je voulais te faire. Maintenant, bon soir !

Pistoïa, 30 novembre 185...

Aujourd'hui nous sommes à *Pistoïa*, mon très-cher cousin. C'est une petite ville que l'on voit de Florence, assise au pied des Apennins, et arrosée
par l'Ombrone qui en découle, au nord de la vallée de l'Arno. Pistoïa est une
cité d'origine antique, et c'est à Lucius Catilina que je dois le désir de la
connaître. Certes ! tu as conservé souvenance de ce *Lucius Catilina* qui a
tant empêché Cicéron de dormir ? Son père, Q. Sergius, était sénateur. L'histoire nous apprend qu'il fut condamné comme sicaire. A en juger par l'époque où Catilina se présenta comme candidat aux magistratures, il devrait être
né vers l'an de Rome 646. Il fut questeur de Sylla dans les guerres civiles.
Catilina le seconda dans ses proscriptions. Il ne se contentait pas d'ordonner
les supplices, il trempait ses mains dans le sang. Ainsi le voit-on tuer Q. Cœ-
cilius, le mari de sa sœur, qui le gênait dans ses habitudes incestueuses. Il
traîna Marius Gratianus vers le tombeau de Lutatius, et, comme pour venger la mémoire de Catulus, qui avait péri dans un combat contre le grand
Marius, Catilina commença par lui crever les yeux, puis lui fit couper la langue, les mains et les jambes. Enfin, voyant qu'il vivait encore, il le saisit par
les cheveux et lui trancha la tête. Il fut préteur, et en cette qualité, alla gou-
verner ou plutôt piller l'Afrique. Accusé de concussion, il corrompit ses ju-

ges avec le produit de ses rapines. Alors il médita la ruine de sa patrie avec Antonius et Pison. Mais Cicéron l'ayant confondu dans un discours plein de véhémence, il se désista. Seulement, pour se venger, il forma dans l'ombre la plus terrible conspiration à laquelle ait échappé la République Romaine.

C'était en 63 avant l'ère chrétienne. Catilina entretenait alors des relations avec Fulvie, femme d'une naissance distinguée, mais tombée dans le désordre. L'imprudent laissa échapper près d'elle quelques paroles indiscrètes qu'elle révéla. Grand émoi dans Rome. Cicéron fut investi du consulat. Mais vainement le conspirateur usa de ruse pour faire périr le consul : le consul déjoua le conspirateur. Fulvie trahissait celui-ci, et prévenait de tout celui-là. Un des conjurés, Mallius, avait émeuté la populace en Etrurie, du côté de Pistoïa, et il avait grossi les mécontents d'une foule de brigands. A la fin d'octobre de cette année 63, une prise d'armes eut lieu. Aussitôt le sénat chargea les consuls de veiller au salut de la République. Le 8 novembre, Cicéron prononça sa première *Catilinaire*. Le rebelle confondu, les yeux baissés, commence par conjurer les sénateurs de ne pas croire à ces imputations. Mais le sénat le déclare ennemi public.

—Puisqu'on me pousse vers l'abîme, s'écrie Catilina, j'éteindrai sous les ruines l'incendie qu'on me prépare !

Sur ces entrefaites, les envoyés des Gaulois-Allobroges sont entraînés dans le complot. Une assemblée de conjurés a lieu chez Sempronia, femme d'une audace virile, qui, sous le vernis des plus brillantes qualités, cachait une âme profondément perverse. Ces Allobroges sont un instant ébranlés, mais la fortune de la République l'emporte : ils confient tout à Fabius Sanga, le patron de leur pays, qui le révèle à Cicéron. Les Allobroges, par l'inspiration du consul, feignent de conspirer et l'on apprend tout par leur moyen. Dans un dernier conciliabule, on se distribue les rôles chez Lentulus. On mettra le feu à douze endroits de Rome, et, dans le tumulte, Cicéron sera poignardé. Au moment où les Allobroges, réunis aux conjurés, sortent de Rome pour aller mettre le complot à exécution, et traversent le pont Milvius, le soir du 3 décembre, on les arrête. En même temps, on met la main, dans Rome, sur Lentulus, Cethegus, Statilius, Gabinius et Ceparius. Le surlendemain, le sénat délibère, dans le temple de la Concorde, sur les peines à infliger aux coupables. Ils sont tous condamnés, et leur exécution a lieu le jour suivant, dans les bas-fonds de la prison Mamertine, séparée du temple par l'escalier des Gémonies seulement.

Cependant Catilina s'est enfui. Il a rejoint l'armée de Mallius, en Etrurie, près de Pistoïa, et attend, avec deux légions, le résultat du complot. A la nouvelle de l'arrestation de ses complices, il monte sur le plateau des Apennins, au-dessus de Pistoïa, dans l'intention de gagner la Gaule Cisalpine. Mais Métellus Celer vient l'enfermer d'un côté de la montagne, pendant que l'armée d'Antoine s'approche de lui de l'autre côté. Une bataille terrible s'engage dans un large pli des hauteurs : les conjurés combattent en désespérés. Néanmoins Catilina succombe pour s'être précipité dans les rangs ennemis avec trop de fureur. Tous les rebelles périssent avec lui, et chaque insurgé couvre de son cadavre la place où il a combattu. Cette lutte mémorable a lieu le 5 janvier 62.

Mille neuf cent vingt ans se sont passés depuis ce monstrueux soulèvement, mon très-cher ; mais pour moi, c'est comme s'il datait de la veille. Car, je te l'avoue, j'ai gravi l'Apennin, je suis descendu dans le large pli de la montagne qui a bu le sang de ces traîtres, j'ai visité le champ de bataille où ils ont mordu la poussière, j'ai pu compter les *tumuli* qui renferment les dépouilles mortelles de ces enfants perdus de l'insurrection contre leur patrie, et j'ai relu sur une ondulation du sol qui, peut-être, renfermait les ossements de Catilina, cette éloquente et foudroyante parole de Cicéron, *quo usquè tandem*, etc., dont tant de fois j'avais étudié les beautés, alors que j'étais sur les bancs des études.

En descendant l'Apennin, la vue magique de Florence et de la vallée de l'Arno, nageant dans les splendeurs d'un soleil éblouissant m'a ramené aux choses de notre temps. J'ai contemplé avec bonheur alors et le bassin magnifique qui s'étend de Florence à Pise, et l'admirable relief de Pistoïa, offrant l'aspect d'un parallélogramme à angles obliques dominés par des bastions. *Duomo* agrandi et décoré par l'ingénieux *Nicolas* de Pise ; *Portique* de 1360, sculptures des xiie, xiiie et xive siècles; nombreuses églises ; *Palazzo Pretorio* ; rues larges et bien alignées ; peuple affable, telle est Pistoie, mais Pistoie moderne, et non plus le Pistoïa de Lucius Catilina.

Demain nous irons en pèlerinage, au milieu des sites les plus sauvages et les plus mélancoliques, à la célèbre *Abbaye de Vallombreuse*, fondée au xie siècle, par le saint et savant J. Gualbert. On y trouve et on y vénère une grotte naturelle, creusée dans une roche, appelée *Paradisino*, où le R. P. vécut dans la pratique de toutes les vertus.

Un autre jour nous visiterons le *Couvent des Camaldules*, que saint Romuald établit, en l'an 1,000, sur les cîmes boisées de l'Apennin.

Vallombreuse est à l'est de Florence, et des Camaldules au nord-est, mais bien avant dans la montagne. Aussitôt revenus, nous prendrons la route de

Pise, de Livourne et de Nice, et nous nous acheminerons vers notre bien=
aimée France.

Je mets fin à notre entretien, bon cousin, et cette fois je te dis adieu.
Tu le vois, je pense à toi. Comment t'oublier ? Nos berceaux furent placés
côte à côte jadis ; nos premiers jeux, comme nos premières études, tout fut
commun entre nous, tout, jusqu'aux tendresses si délicates et si douces de ta
belle famille. Mais je fais plus que penser à toi, je t'aime. Et si nos tombes ne
sont pas voisines l'une de l'autre, comme le furent nos berceaux, à la dernière heure, ma bouche prononcera ton nom avec la même affection de cœur
qu'aux beaux jours de la jeunesse. Le cœur ne vieillit jamais, et l'âme vit de
tant de souvenirs !

Tout à toi,

VALMER.

À M. GILLOUX, CHEF D'ESCADRON DE GENDARMERIE MARITIME,

A TOULON.

Pise, 6 décembre 185...

L'année dernière, à peu près à la même époque, mon cher cousin, je quittais la Lombardie pour rentrer en France et aller passer près de vous quelques jours de repos, dans les joies de la famille. Cette année, c'est à la Toscane que je dis adieu pour reprendre le chemin de la patrie. Mais les souvenirs de Toulon bercent si agréablement mon imagination que c'est encore près de vous et des vôtres que je désire porter la primeur des joies du retour et de mes récits sur l'Italie. Pourquoi votre accueil est-il si prévenant, si amical, si paternel? Entraîné par mon cœur, je ne résiste pas et nous prenons notre essor vers votre foyer. Ouvrez-moi vos bras : je vous apporte mille baisers bien tendres et le tribut d'une âme que vos bontés ont conquise depuis longtemps.

Nous avons quitté Florence il y a deux jours et ce n'a pas été sans peine. D'abord nous y étions enchaînés par les beautés inimaginables que renferme cette ville. Ensuite l'excellente nièce de M. Valmer, dame Mathilde Perkins, et son mari, sir Williams, nous y avaient fait un lit si douillet, si délicieux, que c'était un deuil pour nous de l'abandonner. Puis, nos bagages ayant été envoyés à l'embarcadère, comme nous gagnions le chemin de fer de Pise à pied et nos mains dans nos poches, à la porte del Prato, un soldat de S. A. I. et R. le grand duc de Toscane ne nous prend-il pas pour des aventuriers? Lutte et assaut. Nous sommes obligés de prouver comme quoi nous sommes Français, Parisiens et gens de lettres! Enfin, lorsque déjà nous occupions nos places de première classe dans les wagons, et juste au moment où la locomotive allait siffler, ne voilà-t-il pas une main de femme, main blanche et toute parfumée de jasmin, d'héliotrope et de verveine, qui s'accroche à nos collets et met haro sur nos personnes? C'est l'une des fleuristes de Florence, notre bouquetière en titre, qui, depuis un mois, — sans jamais permettre que nous lui effleurions l'épiderme d'un pauvre paolo, fi donc! les fleurs sont pour rien à Florence, leur patrie! — nous ayant attaché, chaque jour, un œillet à la boutonnière, ayant semé de roses la table de nos déjeuners et jeté des anémones et des tubéreuses jusque dans nos poches, vient, une dernière fois, nous offrir un énorme bouquet, le bouquet d'adieu! Mais à cette heure solennelle, la belle Florentine s'humanise, pâlit, et se faisant violence, par pitié pour notre amour propre blessé, étale sous nos yeux sa main très-ouverte, pour y voir déposer, hélas! ce que nous voudrons d'argent ou d'or, en retour de ses soins généreux. En un mot, c'est la note de ses fleurs écrite sur le satin de sa paume, que la généreuse fille nous présente. Comme nous tenons à être grands, à titre de représentants de la France, un napoléon s'évanouit bientôt dans la main de la fleuriste, qui s'empresse de me baiser le pouce et l'index, en nous disant d'une voix émue :

— Addio! buoni Francesi! Addio!

Départ. Nous filons à toute vapeur le long des Cascines et du Pré qui sert de Champ-de-Mars aux groupes du grand duc. Il est curieux pour nous de voir s'exercer aux premiers rayons du soleil et aux harmonieux accords des fanfares, parmi les bosquets et les massifs d'arbres, les habits blancs de trois ou quatre bataillons d'infanterie autrichienne, et les casques d'or de deux escadrons de cavalerie toscane, composant à eux seuls toute l'armée du pays. La nature, pure et fraîche comme aux jours du printemps, resplendit de tant de beautés dans la vallée de l'Arno; Florence se montre derrière nous si brillante et si gracieuse; l'Apennin et ses collines ont un air tellement radieux en se profilant sur le bleu firmament de l'Italie, que nous appelons enchanté le sol de la Toscane. A notre droite, au loin et longeant l'Apennin, nous découvrons la ligne du chemin de fer, Maria Antonia, pui, passant à *Prato*, nous a conduit, l'autre jour, à Pistoïa. A notre gauche, nous admirons les sites les plus ravissants, vaporeux encore, mais empreints d'une inexprimable poésie, qui vont se perdre vers la mer Thyrrhénienne.

M. Perkins nous accompagne à Pise, dont il veut nous faire les honneurs. A l'occasion de Prato et de Pistoïa, et lorsque nous allons atteindre San Donino, il nous peint à grands traits la *Fête populaire de Gesu Morto*, commune à ces trois petites villes, et qui a pour but de représenter la Passion de N. S., le Vendredi-Saint, mais seulement tous les dix ans.

— Les trois paroisses se réunissent alternativement dans l'une de ces trois cités, pour célébrer ce grand drame et donner plus de développement et de luxe à sa mise en scène, nous dit-il. C'est à la nuit close seulement que commence la représentation. Une immense procession s'est formée dans l'église, et quand le jour a complètement disparu, une illumination *a Giorno* resplendit dans toute la ville. Il n'y a qu'en Italie où l'on illumine de la sorte. Pas une maison qui ne flamboie de mille feux : le soleil doit être jaloux de l'éclat que répandent dans les rues et sur les places ces cent mille verres de couleur, lanternes vénitiennes, lampes et lampions, cierges et bougies. La procession se fait alors au son des cloches, et au bruit du canon, qui retentissent d'autant mieux dans la montagne et les vallées, qu'il fait nuit et que l'un des accessoires de cette pieuse cérémonie est le silence le plus absolu. Donc, vers huit heures, défilé du cortège.

Un bataillon de milice, armes renversées, et un escadron de cavalerie, musique en tête, et jouant tour à tour des hymnes funèbres, ouvrent la marche. Vient ensuite, seul et isolé de la foule, un cavalier tout de noir habillé, sa monture caparaçonnée de deuil à lames d'argent. Il a nom *il Silenzio*, le Silence. Cette appellation indique le rôle du personnage. Après lui s'avancent de nombreux soldats de Pilate, en costume romain de l'époque; et au milieu d'eux paraît le Christ, en robe, les mains liées, humilié, mais noble, mais grand, mais saint. Les soldats le conduisent au Prétoire. Succèdent alors des Confréries de Pénitents, vêtus comme vous avez vu les frères de la Mort, à Florence, et qui portent les instruments de la Passion, arbres de la Croix, couronne d'épines, roseau, colonne, clous, marteau, lance, éponge, etc., etc. D'autres corps de musique viennent ensuite et précèdent un autre bataillon de fantassins et un autre escadron de cavaliers, tous couverts d'insignes de deuil. Derrière ces troupes marchent solennellement le clergé en vêtements noirs et conduisant un immense catafalque sur lequel est étendu le Christ, portant sur le visage les pâles violettes de la mort, et sur tout son corps les traces du supplice le plus cruel. Cet appareil lugubre est entouré de milliers de torches, dont les flammes rougeâtres rutilent dans les ténèbres, et donnent à l'ensemble un aspect sinistre qui terrifie. Enfin paraît une dernière Confrérie de femmes, couvertes de longs crêpes. Elles font cortége à une effigie vénérée de la Vierge, en grand deuil, et autour de laquelle flamboient d'autres torches en aussi grand nombre. Enfin, l'escorte se termine par une musique et une légion de soldats partie à pied, partie à cheval, composée, comme les autres escadrons et bataillons, des habitants du pays les plus aisés, et des riches fermiers de vingt-lieues à la ronde, qui se font un honneur d'y envoyer leurs plus beaux chevaux.

Il y a quelque chose de fantastique dans la vision de cette étrange procession, pendant la nuit, aux flambeaux, et au milieu d'une immense multitude qui garde le silence le plus absolu. Croiriez-vous que telle est la solennité de cette représentation biblique que le cortége, sortant à la nuit de la cathédrale, ne met pas moins de six à sept heures avant d'opérer sa rentrée définitive.

Cette fête du Gesu Morto, de moindre importance à Pistoïa et à San Donino, est admirable à Prato, et l'effet qu'elle produit ne se peut comparer qu'à celui qui résulte de l'élévation de l'hostie, dans Saint-Pierre de Rome, par le Saint-Père, le jour de Pâques. Florence, Pise, Livourne, Lucques, etc., sont à Prato, en cette nuit du Vendredi-Saint; mais alors malheur à l'étranger ! S'il n'a pas été aplati par une *Strada ferrata* quelconque, il est pressuré à outrance par les restaurateurs de Prato ; et, d'une manière ou d'autre, il ne rentre chez lui, après bien des fatigues, que mis en lambeaux ou pillé.

Cependant nous atteignons *San Donino*, l'une des villes en question. C'est tout au plus une bourgade, située au centre d'un pays considéré comme le jardin de la vallée de l'Arno.

Notre seconde station se fait à *Signa*, village assis sur la rive droite de l'Arno, entouré du plus gracieux paysage et de collines accidentées, de l'effet le plus pittoresque.

Nous traversons alors l'*Ombrone*, qui descend de l'Apennin et vient, de Pistoie, se jeter dans l'Arno. Puis le rail-way pénètre dans la gorge de la Gonfolina, d'où l'on extrait les pierres qui servent aux constructions de Florence, où on les porte sur des barques dont la proue est recourbée comme un bec de cygne, et que l'on nomme *beccovini*.

Monte Lupo se montre ensuite coupé en deux par le chemin de fer, mais très-agréablement baigné par l'Arno. Nous n'avons pas le temps d'en examiner les beautés. Voici qu'il se passe quelque chose qui ressemble à une nouvelle invasion des barbares. Ces barbares sont des femmes. Trois ou quatre cents femmes sortent impétueusement des salles d'attente, escaladant les wagons, pénétrant de vive force partout, et, sans s'inquiéter de trouver les places prises, elles s'asseoient sur les genoux des voyageurs, s'installent debout, vous mettent dans le nez des paniers qu'elles ont au bras et qui ont des senteurs peu agréables, vous bousculent, ne tiennent pas compte de vos réclamations, ou plutôt couvrent les voix des récalcitrants d'un tel bavardage, d'une telle explosion de babil, qu'il devient impossible de s'entendre et de faire rendre justice. Ce qu'on peut deviner dans leur baragouin, c'est qu'il faut qu'elles partent à tout prix, d'une part; de l'autre, que le trajet ne sera pas long. Quel Babel! Nous finissons par prendre notre parti de l'aventure. Bref: M. Perkins nous donne le mot de l'énigme: Il y a foire à Empoli!

Nous passons, sans pouvoir le remarquer, devant l'*Ambrogiana*, un manoir construit par Ferdinand Ier. Puis, grâces au ciel, car l'air pur commence à manquer, nous atteignons *Empoli*, bourgage située, non plus dans le val d'Arno, mais dans une vaste plaine, le grenier de la Toscane. Empoli n'est autre qu'*Empulum*, ou plutòt *Emporium* du vieux temps, et ce nom veut dire *Marché*. En effet, c'est un point central de commerce pour les grains, mais surtout pour les pailles avec lesquelles les femmes de toutes les contrées voisines tressent les chapeaux tant aimés des dames de France et de Navarre. Nos beautés campagnardes détalent sans dire merci et sans crier gare! Et les voilà se jetant dans la foule qui attend, ébahie, le passage du train. Nous avons plus de plaisir à les voir de loin que de près. Femmes et jeunes filles, coquettes jusque sous les modestes parures de l'indigence, mettent tout leur luxe dans l'agencement de leurs chevelures nattées, que rien ne voile, et dont un soleil brûlant altère la couleur. Un coin de la foire nous est offert, et nous y voyons une agitation et une poussière qui sont loin de nous convier à ses plaisirs. Du reste, charmant horizon autour d'Empoli.

Ce fut à Empoli, qu'en 1260, les Gibelins agitèrent la question de détruire Florence et de la reconstruire à Empoli. Mais l'opposition de Farinata degli Uberti empêcha la réalisation de ce projet.

Vient *San-Pierino*, hameau gracieusement épars et tapi sous de hautes guirlandes de pampres suspendues à ses arbres. On plante tout exprès les arbres dans le but de porter ainsi la vigne, parce que, perdant ses feuilles au moment où le raisin a besoin du soleil pour mùrir, il se trouve ainsi beaucoup mieux soumis à l'action de ses feux.

Le convoi passe devant *San-Romano*, monastère huché sur une colline, à gauche, et portant vers les cieux les flèches de ses clochers.

Derrière nous, l'Apennin dentelle le fond du paysage ; en face, se montrent des maremmes ; à notre droite, commence à se dresser la chaîne des *Monts Pisans*, groupe de montagnes de trois mille pieds de haut qui se détache des Apennins. Enfin déjà de l'ouest nous viennent des brises de mer qui tempèrent quelque peu la chaleur. Et nous sommes en décembre déjà !

Après *la Rotta*, où l'on fabrique des urnes en terre cuite et des poteries, se présente le village de *Pontedera*, où l'on manipule les fameuses pâtes d'Italie, qui ont eu les honneurs de la médaille d'argent à l'Exposition universelle de Paris.

Puis voici *Cascina*, petite ville fièrement campée dans la plaine, le heaume en tête et la cuirasse sur la poitrine, toute raide et mal à l'aise dans son enceinte de murailles. C'est cette Cascina qui fut témoin de la victoire des Florentins sur les Pisans, le 28 juillet 1364, après laquelle les vainqueurs conduisirent à Florence les vaincus enchaînés sur quarante-deux charrettes, et leur firent élever le Toit des Pisans sur la Place Grand'Ducale.

Les Médicis, ayant acquis un domaine à Cascina, y élevèrent une ferme immense que précède une belle avenue d'ormes et de peupliers de la longueur de trois milles : heureusement des bancs de marbre placés de distance en distance, permettent au voyageur de se reposer. Jadis la mer s'étendait jusqu'à la ville et à la ferme ; mais elle a quitté ce voisinage et a permis d'élargir le domaine. Ses vagues sont remplacées par les ondulations de riches prairies dans lesquelles paissent en liberté plus de deux mille vaches sauvages et près de dix-huit cents chevaux. Mais la curiosité principale de la Cascine est un troupeau de deux cents chameaux qui habitent en vagabonds au milieu des forèts de pins et sur les sables qui bordent la mer. On emploie seulement quelques-uns de ces animaux aux transports et à l'usage de la ferme du grand duc. Ce qui a donné l'origine à cette famille de ruminants est une ou deux paires de chameaux amenés en Italie à la suite des Croisades par un prieur de Pise, de l'ordre de Saint-Jean. La race s'est perpétuée depuis ce moment, et s'est même considérablement accrue. Combien de grandes maisons n'ont pas une origine plus ancienne, et combien peuvent envier à ces chameaux l'antiquité de leur race.

Enfin paraît *Noracchio,* la dernière station, au beau milieu d'une contrée fertile et luxuriante, semée sur tous les points de villages et de maisons de campagne, et à l'extrémité de laquelle se montre, assise sur l'Arno, comme Florence, et presque aussi brillante qu'elle, Pise, son aînée, Pise, longtemps sa rivale, Pise, son esclave.

Je vous le disais tout à l'heure, mon cher cousin : jadis la mer battait les murs de Pise de ses flots, ou au moins, pour rester dans le vrai, la mer était fort proche de Pise. qui avait un port, une flotte nombreuse et puissante, et qui régnait sur la Méditerranée, les Océans et le monde commercial, concurremment avec Gênes et Venise. Aujourd'hui Pise a perdu sa puissance, son commerce et sa gloire; aussi la mer lui a retiré son port, a englouti ses navires, et s'est éloignée d'elle de deux lieues, sinon de trois. Pise est donc dans les terres, au milieu d'une plaine très-fertile, au pied des monts Pisans, et s'étend sur les deux rives de l'Arno, qui la quitte, après l'avoir arrosée, pour aller à dix kilomètres de là se jeter dans la mer d'Etrurie.

Pise, Pisa, doit son origine à une colonie de Grecs, venus de Pise, ville du Péloponèse. On suppose qu'elle fit partie de l'Etrurie; mais jusqu'à la domination romaine son histoire est fort obscure. D'abord alliée à Rome, elle devient bientôt une colonie du peuple-roi, puis fut mise au rang des Municipes sous le nom de *Julia-Obsequens,* que lui donna Auguste. Alors la ville de Pise s'accrût considérablement. Les empereurs Adrien et Antoine l'enrichirent de temples, de théâtres, d'arcs-de-triomphe, de cent édifices dont malheureusement on ne retrouve plus le moindre vestige. Son commerce s'étendit sur toutes les mers, et Pise devint l'une des plus importantes cités. Mais à la chute de l'Empire Romain, sa puissance subit un rude choc. Puis, envahie par les Lombards, elle perdit davantage encore de sa force. Cependant elle fut l'une des premières à lever l'étendard de la liberté, lorsque l'Italie se leva pour secouer le joug de ses tyrans. Vers l'an 1000, s'étant constituée en République indépendante, elle reprit ses relations commerciales avec plus d'énergie que jamais. D'abord elle attaqua les Sarrasins qui écumaient les mers et s'empara de Carthage. Ensuite elle reçut la Corse en fief du Pape, en 1000, et conquit la Sardaigne en 1099. Les îles Baléares furent rangées sous sa domination. On lui donna dès lors le titre de *Reine des Mers*. Rivale de Venise et de Gênes, elle fonda aussi des colonies dans le Levant, et envoya quarante vaisseaux au secours du roi de Jérusalem. Lorsqu'éclatèrent les guerres des Guelfes et des Gibelins, fidèle à ce dernier parti et à l'empereur d'Allemagne, elle soutint une guerre sanglante contre Florence, alliée de Lucques, de Sienne et du Pape. Gênes lui porta un coup terrible, en 1284. Elle lui reprit l'île d'Elbe et la Corse. Ses flottes l'assiégèrent et portèrent l'audace jusqu'à lui enlever les chaînes qui fermaient son port, et dont elles firent un trophée qui décore la porte principale de la douane de Gênes, et l'une des entrées de la ville, la porte Saint-Thomas, je crois. Enfin, constamment battue sur mer par les audacieux Génois, Pise succomba. Car toute sa force lui était enlevée par les dissensions allumées dans son sein par la rivalité de quelques familles puissantes.

L'un des héros de ces guerres avec les Génois et de ces discordes intestines qui dévorèrent Pise mérite bien que je vous en dise quelques mots.

Parmi les familles Guelfes et Gibelines de Pise, les Gualandi, les Sismondi, les Lanfranchi, les Orlandi, les Ripafrappa, les Upezzinphi, les Gaetini, les Ubaldini, etc., on remarquait surtout le *comte Ugolin de la Gherardesca*. Appelé à diriger le parti des Gibelins et à devenir le premier magistrat de la République de Pise, Ugolin voulut régner sur ses concitoyens et fonder une principauté nouvelle, à l'exemple des della Scala de Vérone, et des Visconti de Milan. Il réussit en effet, par ses intrigues et ses menées, à se faire nommer pour dix ans capitaine-général de la République Pisane. Il fut appuyé dans cette usurpation par *Ruggieri* ou *Roger degli Ubaldini*, archevêque de Pise. Il dépouille alors de son autorité *Nino de Gallura de' Visconti*, qui y commandait avant eux, sous le titre de *Giudia*, juge. Cette conduite dispose peu favorablement les Pisans, qui blâment l'action d'Ugolin d'autant plus sévèrement, que Nino était fils d'une de ses propres filles, à lui Ugolin. La mésintelligence ne tarde pas alors à se mettre entre le comte et Ruggieri; et celui-ci, pour perdre son rival, qui, du reste, se livre à de violents excès, exile ses ennemis, met à mort ceux qui le gênent le plus, devient le tyran de sa patrie, et fait croire aux Guelfes et au peuple que le comte Ugolin livre les forteresses aux Florentins, aux Lucquois et aux Génois, ce qui n'est pas entièrement faux: En outre, l'ambitieux Roger appelle dans son parti les trois familles des Gualandi, des Sismondi et des Lanfranchi. Attaqué dans le palais de la Seigneurie, auquel on met le feu, Ugolin est fait prisonnier avec ses deux plus jeunes fils, *Gaddo* et *Uguecione*, et ses petits-fils *Nino* et *Anselmuccio* enfants de ses aînés *Guelfo* et *Lotto*, l'un absent, l'autre mort.

Aussitôt les Guelfes entraînent leurs victimes vers le point central de la ville, sur la Piazza degli Anziani ou Magistrats de la ville, où aboutissent sept rues, et on les enferme dans un cachot de la *Torre degli Gualandi*. Les captifs demeurent là pendant quelques mois, au bout desquels, un jour, Roger de'Ubaldini fait jeter dans l'Arno les clefs de la tour, et défend qu'on leur porte aucune nourriture. Le capitaine de la République et ses malheureux fils, ainsi privés de tout secours, sont bientôt livrés aux horreurs de la faim. Vous décrire leur affreux supplice, mon cher cousin, serait impossible ; l'imagination est impuissante à se le représenter. Les infortunés expirent l'un après l'autre dans une inexprimable agonie, et la Torre degli Gualandi devient la *Tour de la Faim !*

« Quels qu'eussent été les crimes d'Ugolin, dit M. Sismonde-Sismondi, l'horreur de son supplice les fit oublier ; et son nom demeure comme un exemple presque unique dans l'histoire, d'un tyran qui inspire la pitié. »

Dante raconte qu'il vit Ugolin dans l'*Enfer*, placé parmi les traîtres à leur patrie dans des glaces éternelles, au-dessus desquelles sa tête seule s'élève. Mais devant lui se trouve, dans les mêmes glaces, la tête de Roger des Ubaldini, dont il ronge le crâne avec la faim furieuse qui a fait son supplice. Interrogé par le poète, Ugolin essuie ses lèvres aux cheveux de Roger, puis soulevant sa face appesantie et interrompant son féroce repas, il dit :

— Apprends que je fus le comte Ugolin. Celui-ci est Roger... Je dirai pourquoi je lui suis un tel voisin. Malgré ma confiance en lui, victime de ses affreux soupçons je fus saisi et dévoué à la mort. Alors, à travers les soupiraux de la tour, à qui, depuis mon supplice, on a donné le nom de Tour de la Faim, une légère ouverture m'avait fait apercevoir la clarté du jour, plusieurs fois déjà, lorsque j'eus un songe funeste qui déchira pour moi le voile de l'avenir. Roger me paraissait être mon seigneur et maître : il poursuivait un loup et ses louveteaux vers la montagne qui dérobe aux Pisans la vue de l'Etat de Lucques. Il chassait devant lui les Gualandi, les Sismondi, les Lanfranchi, précédés eux-mêmes de chiennes maigres, affamées et dressées par des mains habiles. En peu de temps, le loup et ses petits me parurent fatigués, et les chiennes semblaient, de leur dent aiguë, leur ouvrir les entrailles. Quand je fus éveillé, avant l'aurore, j'entendis mes fils qu'on avait emprisonnés avec moi, pleurer, en dormant encore, et demander du pain. Tu es bien cruel, toi si tu ne gémis du triste sort qui m'étais annoncé ; et, si tu ne verses pas de larmes, de quoi peux-tu donc pleurer ? Déjà nous étions debout ; déjà venait l'heure où l'on avait coutume de porter notre nourriture ; chacun de nous était tourmenté de noirs pressentiments, funeste effet du songe. Soudain, j'entends clouer les portes de l'horrible tour... Je regardai mes enfants sans parler ; mais je ne pleure pas, tant je me sens devenir pierre... Mes fils pleurent, eux, et mon jeune Anselmuccio me dit :

— Pourquoi nous regardes-tu ainsi, père, qu'as-tu donc ?

Je ne pleure pas encore néanmoins, et je ne réponds ni ce jour, ni la nuit qui succède, jusqu'au lendemain, lorsqu'un autre soleil vient éclairer le monde. A peine un faible rayon a-t-il pénétré dans la prison de douleurs, que je vois sur la figure de mes quatre enfants les mêmes symptômes d'épuisement qui doivent altérer mon visage. De rage, je me mords les deux mains. Mes fils, pendant que je faisais ainsi pour manger, se lèvent et me disent :

— O mon père, notre douleur sera moins affreuse, si tu manges de nous : tu nous a donné ces chairs misérables, hé bien, reprends-les !...

Je m'apaise alors pour ne pas redoubler leur désespoir. Ce jour et le suivant, nous restons dans un morne silence. Nous atteignons le quatrième jour : Gaddo vient tomber à mes pieds, en me disant :

— Mon père, est-ce que tu ne viens pas à mon secours ?

Et il expire. Comme tu me vois en ce moment, je vois les trois autres s'éteindre, un à un, entre le cinquième et le sixième jour. La vue troublée par mon état de faiblesse, je roule alors sur eux, presque sans connaissance, et je les appelle encore deux jours après leur mort. Ensuite la faim eut plus de pouvoir que la douleur...

A peine Ugolin a-t-il achevé, qu'il reprend le crâne odieux, auquel, en tordant les yeux, il donne, avec la fureur d'un chien, des coups de dents, qui pénétrent jusqu'à l'os...

Je n'ai pas besoin de vous dire, cher cousin, qu'en outre des admirables **vers de la** *Divine Comédie*, du Dante, le pinceau, le ciseau et le burin d'un grand nombre d'artistes ont immortalisé l'infortune d'Ugolin. Assurément vous aurez vu quelqu'un des chefs-d'œuvre représentant ce drame cruel, qui eut lieu en 1288, alors que Dante avait vingt-trois ans.

Cependant, après une bataille navale perdue par Ugolin, près de l'île de

(1) *Dante*, Enfer, Chant XXXIII. Trad. du Chev. Artaud de Montor.

Méloria, au sud-ouest de Livourne, en 1284, contre les Génois, les onze mille Pisans qui avaient été faits prisonniers, préféraient souffrir une dure captivité de seize ans, plutôt que de livrer à l'ennemi les châteaux de Pise, ce qu'avait voulu faire Ugolin. Cette vaillance releva quelque peu la renommée guerrière de Pise. Néanmoins les Gibelins vinrent à bout de chasser les Guelfes. Mais son commerce s'éteignit, et menacée par tous les Guelfes de la Toscane, la République de Pise dut se placer sous la protection des ducs de Milan. Jusqu'alors presque toujours en guerre avec les Florentins, et naguère encore vaincus par eux à la bataille de la Cascina, le 28 juillet 1364, et leurs prisonniers ayant été conduits en captivité à Florence où on les employa à l'édification du Toit des Pisans, les infortunés citoyens de Pise redoutaient la haine de leurs voisins. Aussi quand, tombée de la sorte au pouvoir de Galéas Visconti, elle fut vendue par son fils Jean-Marie à la République de Florence, en 1400, Pise ne voulut pas se soumettre et soutint un long siége, avec un courage admirable. Malheureusement pour elle, décimés par la famine, ceux de ses habitants qui survécurent se virent contraints de céder à la force des armes. Mais la plus grande partie des familles de marque et même des bourgeois émigrèrent alors.

Après une oppression sévère de la part des Florentins, pendant vingt-huit années, à l'approche du roi de France, Charles VIII, marchant à la conquête de Naples, l'orgueil des Pisans se réveilla, et ils reprirent courageusement la lutte pour leur indépendance. *Simon Orlandi* appela ses concitoyens aux armes, et le peuple, sous la protection de la France, se donna une constitution particulière. Les Français aidant, Pise eut quelques succès sur Florence, et la bravoure des Pisans tint bon contre les Florentins. Mais les Français s'étant éloignés, et Florence ayant formé une nouvelle ligue dans le but de la réduire, les Pisans jurèrent de s'ensevelir sous les ruines de leur ville plutôt que de se soumettre. Femmes, enfants et vieillards travaillèrent jour et nuit à relever les fortifications de la ville. Le 31 juillet 1496, le siége fut commencé par les Florentins ; et quand ils eurent pris d'assaut un bastion, on vit les Pisanes courir à leurs maris qui fuyaient et leur crier qu'elles préféraient la mort à l'esclavage. Aussi la ville fut sauvée, et les Florentins, après une perte considérable, plièrent bagages, le 4 septembre. Aussitôt et sans nul retard, les Pisans firent de leur ville une forteresse formidable.

Cette ville infortunée vit cependant encore à ses portes les Français, venus en ennemis cette fois, et cherchant à l'emporter de vive force, par l'ordre de Louis XII. Mais les Français échouèrent. C'était en 1503. En 1504, les

Florentins se présentèrent à leur tour : comme les Français, ils furent contraints de se retirer avec perte. Enfin, en 1506, un troisième siège eut le même résultat. Ce ne fut que le 8 juin 1509, que la famine obligea ses vaillants défenseurs à se rendre à leurs éternels ennemis. Ainsi Pise succomba après une héroïque résistance et une lutte de quinze ans.

Depuis elle ne reconquit plus sa liberté ; toujours elle subit les destinées de sa souveraine; et, sur ses ruines, la Toscane éleva sa puissance. Hélas ! au XIII siècle, elle comptait cent cinquante mille habitants ; et aujourd'hui elle en renferme à peine vingt mille. Dans ses murs règnent la solitude et le silence, et l'herbe croit dans beaucoup de ses rues, privées des riches palais fortifiés qui faisaient sa force et sa gloire.

En approchant de Pise, nous reconnaissons bientôt que la ville a la forme d'un quadrilatère. Nous voyons les murailles que le désespoir fit élever aux Pisans; mais nous ne trouvons plus que les tronçons des tours dont elles les avaient couronnées. Pise, vue ainsi en relief au pied des Monts-Pisans qui forment une toile de fond des plus pittoresques et cachent Lucques et son territoire, ne laisse pas d'avoir un aspect fort imposant que nous avons hâte de juger. A peine débarqués nous franchissons la *Porta Fiorentina*, et nous voici errant dans la vieille cité grecque, mais lentement, avec méthode, en gens qui veulent savourer une jouissance. Préliminairement nous avons pris gîte à la Locanda Peverada, où l'on nous confectionne un déjeuner préférable à celui que Dante vit faire dans la montagne de glace. A part les rues principales où se fait quelque mouvement dû aux boutiques qui les bordent, il règne dans les autres un calme et une paix qui font donner à la ville le nom de *Pisa Morta*. Généralement ces rues sont larges, droites et bien pavées. L'Arno partage la ville en deux parties presque égales , réunies par trois ponts : le *Ponte al Mare*, en aval, le *Ponte alla Fortezza*, en amont et du côté de la citadelle, et le *Ponte di Mezzo*, entre les deux. Comme à Florence, les deux grands quais, ornés de maisons construites dans un goût exquis, et dont cependant l'aspect martial rappelle les temps orageux des guerres civiles, portent le nom de *Longo l'Arno*. On trouve fréquemment des places ; elles sont au nombre de treize. Mais il n'en est guère que trois qui méritent d'être signalées, et précisément notre bonne étoile va les mettre sur notre chemin.

D'abord, lorsque nous arrivons à Longo l'Arno, nous sommes saisis de l'aspect majestueux de ce quai grandiose, qui franchit toute la ville de l'est à l'ouest, encaissant le fleuve, fort large dans cet endroit, et nous remettant là en plein moyen-âge. On serait presque tenté de chercher du regard, près du Ponte al Mare, la flotte Pisane, prête à lancer ses galères contre celles de Gênes. Puis, au moment de traverser le Ponte di Mezzo, deux choses appellent votre attention en aval de l'Arno, la première à cause de sa mine rebarbative, la seconde à raison de son apparence gracieuse.

Celle-ci n'est autre qu'une élégante chapelle, élevée presque sur la berge, isolée, par conséquent, et dont le revêtement, tout en marbre blanc, est du plus heureux effet. On la nomme *Santa-Maria della Spina*, Notre-Dame de l'Epine. Commencé en 1230, dans le but de servir de reliquaire à une épine de la couronne de N. S., apportée de la Terre-Sainte, ce petit joyau fut achevé seulement au XIVe siècle. Les arcs plein-ceintre s'y allient au-dehors aux formes ogivales, et l'œil est flatté du bel ensemble qu'ils produisent. Quant à l'intérieur, on y voit des statues de *Jean de Pise* et des bas-reliefs représentant les sept vertus chrétiennes, qui datent de 1462. *Sodoma* y a peint aussi un tableau délicieux.

Celle-là, diavolo! c'est le terrible *Palais de la Seigneurie*, dans lequel Ugolin fut assiégé, brûlé, et pris avec ses pauvres enfants ; c'est le palais dans lequel Ruggieri, les Lanfranchi, les Gualandi, les Sismondi délibérèrent sur le supplice à infliger au traître Ugolin, et se déterminèrent pour le supplice de la faim ! C'est le palais où l'on décida tant de fois les guerres à entreprendre contre Venise, contre Gênes, contre Florence.

Nous franchissons l'Arno et nous pénétrons dans la *Via del Borgo*, plantée d'arbres, mais que nous quittons bientôt pour prendre à gauche par de petites rues sinueuses qui aboutissent à une place triangulaire. Cette place, cher cousin, quand on me la nomme, me jette au cœur une impression cruelle. C'est l'antique *Piazza degli Anziani*, à laquelle confluent sept voies comme jadis, et à l'angle sud-est de laquelle se dressait la *Torre degli Gualandi*, qui devint la *Tour de la Faim*. La famille des Gualandi possédait là un palais et une tour. La tour imposante, formidable, devint la prison et le théâtre de la mort d'Ugolin et de ses fils. Quoique démolie au XVIe siècle, cette tour a laissé debout la base de ses murs que l'on voit encastrés dans des constructions postérieures. Jugez de l'impression qui saisit lorsqu'on songe au drame qui se passa en cet endroit même et aux péripéties qui l'accompagnèrent. Cette Piazza conserve encore à peu près la physionomie qu'elle avait alors. Plusieurs édifices imposants l'entourent, mais elle a changé de nom et s'appelle la *Piazza de'Cavalieri*, la place du Cavalier, parce qu'elle est décorée de la statue équestre de Cosme II, par *Francavilla*, et d'une fontaine dont il n'y a rien à dire.

Nous continuons à avancer par une série de rues solitaires qui forment zigzag et tendent vers le nord-ouest de la ville, lorsque, subitement, un grand vide se fait, un immense espace de ciel bleu apparaît à l'œil, le soleil rutile sur une vaste place blanche, et nous atteignons la *Place du Dôme*, d'où se dressent, comme de majestueux léviathans, quatre monuments qui font la gloire de Pise et l'admiration du monde, à savoir le Duomo, le Baptistère, le Campanile ou Tour Penchée, et le Campo-Santo. Mais quel isolement autour d'eux ! Ce n'est plus Pise, c'est un désert. Acceptons le désert et visitons le groupe d'édifices le plus curieux qui soit sur la surface du globe et dont on a dit qu'ils sont heureux dans leur solitude et dans leur réunion.

Figurez-vous, cher cousin, une façade d'église disposée en cinq ordres superposés, décorée de cinquante-huit colonnes et ayant quatre galeries ouvertes et profondes. A cette façade donnez des portes de bronze, offrant des reliefs qui représentent des scènes bibliques magnifiquement exécutées en 1602, sur les dessins de *Jean de Bologne* par *Francavilla*, *Tucca*, *Susini*, *Mocchi*, etc. Couronnez le faîte du portail d'une Madone en marbre, tenant l'Enfant-Jésus, ouvrage de *Jean de Pise* ; au-dessus des portes, représentez-vous des mosaïques dues à *F. di Lorenzo Paludini* ; et enfin prenez pour un architrave emprunté à un temple antique l'architrave de la porte orientale. En dernier lieu, du marbre qui revêt la façade et tout l'extérieur de l'édifice, faites de larges assises alternatives blanches ou noires, et vous aurez dans l'esprit l'extérieur de la *Cathédrale de Pise*.

Quant à l'intérieur, devant vous s'ouvrent cinq nefs d'une longueur de deux cent dix-huit pieds, de quatre-vingt-dix-huit de largeur et de cent un de hauteur. Vingt-quatre colonnes d'ordre corinthien soutiennent la nef du milieu. Ne vous représentez pas ces colonnes liées par un entablement. Non : elles sont jointes par des arcades au-dessus desquelles s'élève un second rang de portiques ou galeries supportées par des colonnettes très-nombreuses. On compte quatre cent cinquante colonnes, tant à l'intérieur qu'à l'extérieur. C'est dans ces galeries supérieures, appelées *Triforium*, que jadis se plaçaient les femmes. Cette disposition architecturale date des bas siècles de l'architecture romaine. Une coupole couronne l'édifice, et les voûtes sont du plus heureux effet.

Une lampe de bronze d'un grand volume tombe du centre de la coupole. Elle est d'un beau travail artistique, assurément : mais ce qui lui donne, en outre, un intérêt historique, c'est que les oscillations de cette lampe mirent Galilée sur la voie de la théorie du pendule.

Maintenant dans cette admirable église, pour bases et chapiteaux des colonnes, et pour corniches, mettez des fragments antiques rassemblés de toutes parts et habilement employés ; faites arriver un jour mystérieux péniblement tamisé par des vitraux peints du XIVᵉ et du XVᵉ siècle, dont les sujets sont empruntés aux décorations de Campo-Santo ; donnez à la coupole des peintures de *Riminaldi*, en avant du chœur, placez sur le pilier de droite, une délicieuse Sainte-Agnès d'*Andrea del Sarto*, et sur le pilier de gauche, une Madone non moins parfaite de *Pierino del Vaga ;* de la magnifique chaire de *Jean de Pise*, qu'un incendie de l'église détruisit en partie; appliquez à la chaire actuelle les plus belles proportions ; disposez ici deux statues et là un beau crucifix en bronze de *Jean de Bologne :* enfin incrustez l'autel principal et la balustrade en marbre du sanctuaire de pierres précieuses; bref, semez l'ensemble d'objets d'art sans prix, et vous connaîtrez le Duomo de Pise, construit en 1063, par *Buschetto*, qui en fit un monument unique et sans rival.

Sur le côté gauche de la Cathédrale se dresse le *Campanile*, isolé, complétement séparé du Duomo, auquel il appartient, selon l'usage d'autrefois. Ce Campanile porte plus volontiers le nom de *Tour penchée de Pise*. Déjà, à Bologne, nous avons vu deux tours penchées, l'une très-élevée, l'autre beaucoup moindre, toutes les deux en briques, carrées, noires, tristes, sombres. Quelle différence avec la Tour de Pise ! Celle-ci, haute de cent quarante-deux pieds, toute en beau marbre blanc, de forme cylindrique, décorée de deux cent sept colonnes destinées à supporter sept étages de spirales à jour, formant l'escalier qui conduit à la plate-forme, a quelque chose de féerique qui fascine le regard. Son inclinaison ne compte pas moins de douze pieds, et servit au savant Galilée pour faire des expériences sur les lois de la gravitation. D'où provient cette inclinaison? Du poids de la tour qui a forcé le sol à fléchir lorsque la construction atteignait déjà la moitié de sa hauteur. En gravissant les trois cent trente marches qui conduisent au sommet, on remarque des colonnes plus hautes d'un côté que de l'autre, et qui démontrent les efforts employés par l'architecte pour se rapprocher de la verticale. Du reste, elle est désormais inébranlable, car sept énormes cloches, mises en mouvement chaque jour dans le Campanile, prouvent la solidité de l'édifice. De la plate-forme, une vue merveilleuse s'étend sur tout le bassin de l'Arno jusqu'à Florence, et sur la chaîne des monts Pisans qui cachent Lucques. Elle domine la mer et ses îles, îles d'Elbe, île de Corse, île Méloria, etc., et alors on reconnaît à merveille toute la plage, maintenant cultivée, mais plate et monotone, qui venait jusqu'à Pise jadis et que depuis la mer a quittée.

Une surprise nous était reservée sur le haut de la Tour. Nous retrouvons là un touriste, M. d'Alm..., qui avec nous déjà avait fait l'ascension des tours de Bologne. Il va s'embarquer à Livourne, pendant que nous prenons la voie de terre.

Du *Baptistère*, œuvre de style romain-toscan, due à l'architecte *Diotisalvi*, et qui fait face au Duomo, je dirai simplement que, commencé en 1163, puis délaissé, et repris en 1278, il fut achevé seulement au xive siècle. Aussi dans sa construction retrouve-t-on les différentes phases de l'art, emploi des formes ogivales couronnant deux ordres superposés de colonnes corinthiennes antiques, ainsi que leurs chapiteaux, et ornés de sujets mythologiques, chasses, etc. Ce monument a la forme d'une rotonde et compte quatre portes décorées de sculptures. Le bassin, à huit pans, est posé sur trois degrés. Le marbre blanc dont il est fait est incrusté richement. La statue de saint Jean-Baptiste qui l'accompagne est d'un beau travail en bronze. Mais le trésor du Baptistère est une chaire, de *Nicolas de Pise*, à la date de 1260, le plus beau spécimen de l'art du moyen-âge. Hexagone et ample, sept colonnes, reposant sur des lions, la supportent, selon l'usage bysantin

Maintenant pénétrons dans le *Campo Santo*, placé à cent mètres du côté droit de l'église, mais en face du Baptistère. A l'extérieur, il se compose de simples murs sur lesquels sont appliqués quarante-trois arceaux, reposant sur des pilastres, dont les chapiteaux sont décorés de figures. Il offre deux entrées, dont l'une est couronnée d'une niche en marbre, qui renferme la Vierge sur un trône entouré de Saints, et des Pisans qui firent les frais du Campo-Santo. *Jean de Pise* est l'auteur de cette madone. De quel renom ne jouit pas ce fameux champ de repos dont la terre a été prise à Jérusalem et transportée à Pise, à grands frais, dans de nombreux navires? Sur quelque point du globe que vous prononciez le mot de Campo-Santo, c'est à Pise que se porte aussitôt l'imagination. Pise possède-t-elle donc seule au monde un Campo-Santo? Nullement. On en trouve dans presque toutes les villes de l'Italie. En Suisse, Lucerne en possède un magnifique. Le Campo-Santo de Bâle fut jadis décoré par Holsbein, de la célèbre et très-regrettable Danse Macabre. Mais le plus beau Campo-Santo de l'Italie n'approche pas de celui de Pise. Et cependant, lorsque la porte du Campo-Santo de Pise nous est ouverte, et que, le cœur martelé par le sang, l'âme émue, nous mettons le pied dans l'enceinte du cloître, nous reculons stupéfaits, et disant : N'est-ce donc que cela? En effet, mon cher cousin, le Campo-Santo de Pise, nous

fait voir un rectangle de quatre cent cinquante pieds de long, sur cent quarante de large, mais dont les murailles sont si décolorées, que notre première
impression est une amère.déception. Cependant, comme on est venu, or
entre ; et une fois entré, oh ! qu'importe l'étroitesse du local et la décolora-
tion des fresques, on admire !

Vous savez d'abord qu'un Campo-Santo n'est autre chose qu'un cimetière.
Seulement, en Italie, au lieu d'enfermer un champ plus ou moins vaste dans
une enceinte de murailles, comme un parc, dans lequel champ on déposera
les morts, que l'on recouvrira d'une simple croix de bois ou d'un monument
fastueux, on entoure le champ destiné à la spulture d'un cloître voûté et
formant galerie que décorent des colonnes. Alors, à une certaine classe de
défunts le milieu du champ de repos ; à une autre classe le pourtour, le
cloître, la galerie. Sur les murs de cette galerie, on dresse des tombeaux, on
écrit des épitaphes, on peint des sujets religieux. Voilà pour les Campi-Santi
en général.

A Pise, vers 1275, la Seigneurie de la République décréta que l'on consa-
crerait un cimetière à la sépulture des Pisans illustres. *Jean de Pise*, célèbre
sculpteur, et fils de *Nicolas de Pise*, le non moins célèbre architecte, fut
chargé d'élever la cloître qui devait l'entourer. Il se mit à l'œuvre, en 1278;
mais, hélas! son travail ne fut achevé qu'en 1464. Les Pisans, toujours agités
par les guerres, manquaient souvent d'argent, et, comme le Baptistère, le
Campo-Santo se ressentit de cette difficulté des temps, c'est-dire que la construction offre les degrés de phases diverses de l'art.

Or, quand une fois l'impression fàcheuse est passée, voici ce que l'on voit
à l'intérieur du monument. Vaste cour environnée de portiques formés par
soixante-deux arcades à jour ; vingt-six arcades sur chacun des grands côtés,
et cinq sur chacun des petits. A la retombée de chaque arcade et au-dessus
des chapiteaux des piliers, têtes de marbre d'un goût capricieux, comme les
chapiteaux eux-mêmes. Sur les murs pleins du pourtour, peintures bien
endommagées, hélas ! Enfin, sous la galerie, ici et là, partout, statues, statuettes, vases, urnes, sarcophages, objets d'art antique. Au centre, *Sub dio*,
terre végétale, mais terre sainte, terre rapportée, à grands frais et dans de
nombreux navires, de Jérusalem où elle reçut le sang de notre Sauveur.

La grande merveille de cette enceinte, quelle est-elle donc? Les Fresques,
car ces fresques sont signées du *Giotto*, d'*Andrea Orgagna*, de *Simon
Memmi*, et *Benozzo Gozzoli*.

Sur la côte orientale du cloître se trouve une chapelle. C'est à partir de la
droite de cette chapelle que commencent les fresques placées sur deux rangs

superposés. Ainsi on voit d'abord la Passion, la Résurrection, l'Ascension de
notre Seigneur, par *Buffalmacco*; à la date de 1339. Puis, dans la galerie du
sud, commence la grande composition d'*Andrea Orgagna*, l'architecte de la
Loggia dei Lanzi, à Florence, appelée le triomphe de la Mort. C'est tout un
monde, le monde antique, le monde du moyen-âge dont on voit là la mise en
scène, et quelle mise en scène! « Au centre, dit M. A J. du Pays, des infir-
mes appellent la mort pour les délivrer de leurs maux; mais la mort se
détourne d'eux et dirige ses coups dans un bosquet où de jeunes hommes et
de jeunes femmes se livrent au au repos retour de la chasse, et écoutent les
chants d'un troubadour. Des rois, des évêques, des guerriers, des religieuses,
gîsent à terre abattus par la faux de la terrible moissonneuse. Des anges et
des démons recueillent leurs âmes, etc. La partie de gauche de la fresque est
la plus remarquable sous le rapport pittoresque. Elle représente une noble
cavalcade s'arrêtant au pied d'une montagne devant trois rois étendus dans
leurs bières, à différents degrés de décomposition. Les figures des cavaliers
expriment des sensations diverses, etc. »

Vient ensuite le Jugement dernier du même *A. Orgagna*; puis arrive
l'Enfer, par *Bernardo Orgagna*; et enfin, se succèdent une infinité de peintures, dont le détail m'entraînerait à vous ennuyer, car pour jouir, il faut
voir.

Nous faisons le premier jour une station fort longue dans cet admirable
Temple de l'art antique : le lendemain nous y restons plus longtemps encore
afin d'étudier non-seulement les fresques, mais les sculptures, mais les objets
d'art de toutes les époques qui sont entassées dans la galerie. Nous visitons
aussi plusieurs des quatre-vingts églises qui ornent la ville de Pise. Enfin,
nous allons voir les palais, *Palais des Lanfranchi*, si fameux par ses souvenirs anciens et le souvenir moderne de lord Byron, qui l'habita et y soutint
un siége contre des soldats dont il avait blessé un camarade; *Palais Lan-
freducci*, au quai du nord, sur la façade duquel on voit une chaîne de captif,
avec ces mots : *Alla Giornata!* chaîne et inscription mystérieuses et poétiques, dont je ne devine pas l'énigme : *Palais Toscanelli*, etc.

Ce soir, cher cousin, nous disons adieu à *Pisa Morta*; si nous y faisions
un plus long séjour, nous pourrions craindre de partager son sort. Il est vrai
que pour nous rendre de la force, Pise nous a fait manger de délicieux bro-
chets cuits avec l'excellent beure de la Cascine, et qui nous a été apporté par
l'un des chameaux inscrits sur le livre d'or des Croisades. Mais c'est égal,
quelques jours de plus, et Pise nous donnerait un spleen à faire se tuer dix
Anglais. Aussi, adieu, Pise, et puisse ta mélancolie t'être légère !

Livourne, 9 décembre 185...

Le chemin de fer nous a conduits de Pise à Livourne en une heure à peine, cher cousin ; et nous venons de parcourir et de savoir la ville par cœur en deux ou trois heures. *Livourne* n'est autre chose que l'entrepôt du commerce entre l'Europe occidentale et l'Orient. C'est bien un ancien port romain ; mais la ville ne possède aucun vestige d'antiquité. D'ailleurs, au XIIIᵉ siècle, ce n'était encore qu'un misérable rivage de la Méditerranée. Quand il fut cédé aux Florentins par les Génois, les Médicis agrandirent son ancien port, l'entourèrent de fortifications, et créèrent la ville qu'ils dotèrent de priviléges propres à y attirer l'étranger. Aussi voit-on, au centre, une place immense qui a nom *Piazza d'Arme*, ornée du *Duomo*, du *Palais Ducal* et de la *Gran Guardia*. Une belle et longue rue, la *Via Ferdinanda*, traverse cette place et conduit de la *Porte de Pise* au *Port ;* et, comme Ferdinand Iᵉʳ a le plus contribué à faire une cité du village de Livourne, sa statue équestre se prélasse au beau milieu de cette Place d'Arme, entourée de quatre esclaves, en bronze comme la statue, et enchainés aux angles du piédestal. C'est le travail de *P. Tocca*, qui prit modèle sur un Turc et ses trois fils, faits prisonniers à la bataille de Lépante.

Le port compte à peu près six cents mètres de long, quatre cents de gorge et trente-six de profondeur. Une jetée de cinq cents mètres le protége du côté de la mer. Il a une Darse et trois Lazarets. Mais il possède surtout des faquins, *facchini*, des porte-faix, si vous voulez, les plus affreuses créatures du monde. Nous avons conduit, pour s'y embarquer, M. d'Alm..., au vapeur l'Aventin, à l'ancre au milieu du port. Vous dire l'assaut qu'il fallut subir pour défendre contre leurs attaques les bagages dont notre voiture était chargée serait impossible. En un clin-d'œil sa valise, sa malle, son carton à chapeau, son parapluie, sa canne devinrent la proie d'autant de faquins. Cinq à porter ce que porterait un enfant ! Et notez que je vis le moment où l'un de ces drôles allait charger M. d'Alm... sur ses épaules. Total 10 francs. Chaque colis est coté 2 fr., de par S. M. le maire de Livourne !

A Livourne, les galériens sont mêlés à la population, et balaient, brouettent, vont, viennent, fument, voire même prennent le café, en toilette de bagne, pantalon jaune, veste brune et bonnet rouge.

La grande curiosité de Livourne, le Longchamps du lieu, est le *Monte-*

Nero, la montagne noire, sommité couronnée par une église, l'*Eglise Notre-Dame-de-Montenero*, qui abrite la ville au sud, et d'où l'on a une vue ravissante sur la Méditerranée. Nous avons fait tout à l'heure ce pèlerinage en fiavre, en gravissant les rampes du Monte-Nero, capitonnées de nombreuses et élégantes maisons de campagne. Je vous signale la *Madone de Montenero*, comme un curieux monument de la peinture grecque au XIIIᵉ siècle.

Maintenant, fouette, cocher! Nous venons de faire prix avec un voiturin et dans une demi-heure nous serons en route pour Gênes.

Nice, 12 novembre 185...

Pour arriver à Nice où nous nous trouvons à cette heure, bon cousin, nous avons constamment longé la mer de Livourne à Gênes. Rien de plus pittoresque que ce voyage. On est toujours suspendu entre la mer, à gauche, le ciel bleu d'Italie sur la tête, et la terre, à droite, la terre avec ses villes, ses villages gracieux, ses rochers, ses fleuves venant tomber dans la Méditerranée, ses forêts et ses aspects variés toujours et toujours admirables. C'était précisément ce même chemin que suivit jadis Francesco Novello de Carrava, et sa belle et intéressante Thaddée d'Este.

D'abord, à notre droite, nous avons revu Pise, puis salué *Lucques*, la ville d'origine étrusque, la cité romaine au vaste amphithéâtre du IIᵉ siècle. Puis nous sommes passés à *Montamitro*, petite ville située à la pointe d'un contrefort qui s'avance dans la mer. De là, à travers un pays fertile et couvert en partie de grands bois d'oliviers, nous avons atteint *Pietra-Santa*. Dans cette bourgade, partout aux environs, et jusque dans les chaumières, nous voyons le marbre prodigué, et servant même aux clôtures des jardins. La raison en est bien simple. Nous rencontrons et *Massa-Carrara*, dont la place est ornée d'orangers en pleine-terre, et *Carrara*, assise au point de réunion où cinq et six vallons, disposés en éventail et arrosés de frais ruisseaux qui forment le *Carione*, descendent des *Montagnes de Carrare*. Ces montagnes sont du marbre le plus pur et ne comptent pas moins de soixante-dix carrières, où on l'exploite et d'où on l'expédie fort loin. Les habitants y puisent à pleine main, et les paysans des environs ne se font pas faute des rognures.

Nous traversons ensuite *Sarzane*, dont la principale curiosité est le petit, très-petit chapeau coquet que les femmes placent sur le sommet de leurs têtes.

Voici venir *la Spezzia*, l'ancien port de *Luni*, ville qui n'existe plus, mais port que Strabon nous vante comme un des plus vastes et des plus sûrs que la nature ait formés. A seize cents mètres du rivage, à peu près, on voit dans la mer une source qui lance avec force une gerbe d'eau douce fort agréable à boire.

A Gênes, nous nous sommes reposés un jour. Après quoi, nous reprenons la *Corniche,* c'est le nom que l'on donne à la route, taillée en corniche, en effet, sur le bord de la mer. Après *Cogoletto*, petit hameau qui se donne de grands airs, sous le faux prétexte d'avoir enfanté C. Colomb ; puis après, *Savone*, une sorte de ville qui a une sorte de port, mais surtout qui se glorifie d'avoir donné le jour à Pertinax, à Grégoire VII, à Sixte IV et à Jules II, et d'avoir tenu en captivité le modeste Pie VII ; après *Albenga*, dont les remparts croulants et les tours en ruines, attestent la fière indépendance des habitants depuis Annibal qui les avait pris en amitié ; après *Alestro* où les femmes portent le *mezzaro* génois, cette mantille blanche qui voile leur visage sans le cacher ; après *Oneille,* la patrie d'André Doria, où l'on dîne mal et où l'on ne dort guère mieux ; après la petite île de *Galinara*, ainsi nommée, parce que les Romains la trouvèrent peuplée de poules, et que l'on devrait débaptiser, attendu qu'elle ne produit plus que des lapins ; après *Ventimiglia*, l'*Albentimilium* des Romains, dont parle Cicéron dans la lettre XV de ses Epîtres et où, d'après Tacite, une mère interrogée sur son fils que cherchaient des soldats d'Othon, leur répondit en frappant sur son ventre : Il est là ! Enfin, après *Mentone et Monaco*, deux villes bien connues, certes! ne serait-ce que par la monnaie que l'on frappe dans leur principauté, mais dont on ne se représentera jamais les sites merveilleux ; saturés d'air, de soleil, de ciel bleu ; charmés par les splendides aspects des côtes ; mouillés de la fine poussière du ressac des vagues ; passant des plantations d'orangers et de citronniers, aux haies d'aloës et aux massifs de palmiers, nous avons atteint Nice, Nice la jolie, Nice la fidèle.

Oui, *Nice la fidèle!* Nice se représente elle-même sous l'emblème d'une femme armée, le casque en tête, la poitrine ouverte, et, portant sur son cœur la croix d'argent de Savoie. Sa main droite tient une épée nue, son bras gauche un bouclier d'argent avec un aigle de gueules aux ailes éployées. Ses pieds reposent sur un écueil de sinople que baignent les vagues de la mer. Enfin, devant elle on voit un chien, symbole de sa fidélité, et cette devise la couronne : *Nicœa fidelis.*

Eh bien ! cher cousin, je me permets de changer les armoiries de Nice et je la représente jeune et belle toujours, bien entendu, mais mollement couchée au bord de son golfe d'azur, à l'ombre de ses orangers en fleurs, ses longs cheveux livrés aux brises de mer, et ses pieds mouillés par les vagues qui s'égarent sur la plage.

La véritable industrie de Nice, c'est la villégiature. Elle exploite le soleil, la mer, ses brises embaumées, son printemps éternel. Elle vend à prix d'or aux étrangers ses richesses naturelles qui ne coûtent rien à produire : elle fait fortune, rien qu'avec son climat.

Mais toute charmante qu'elle est, et quoique charmés, en effet, par les belles ruines qu'étale avec orgueil son antique *Cimiers*, par ses belles rues, ses beaux quais, sa jolie voie dite le *Chemin des Anglais*, et toutes ses richesses d'art et de nature, je lui dis adieu, afin d'aller au plus vite me jeter dans les bras de ma belle patrie, représentée par vous, mon cousin, et par tous les vôtres.

Attendez-nous demain dans la soirée. Voici la poste qui va partir, je lui confie cette lettre ; elle précèdera notre diligence de quelques heures. Mais toute rapide que peut être la poste, elle n'égalera jamais l'impétuosité de mon cœur et de mes affections qui volent vers vous comme le feu de l'éclair.

A demain, cher et bien-aimé cousin, à demain !

EMILE DOULLT.

LIMOGES. — IMPRIMERIE DE BARBOU FRÈRES.

www.ingramcontent.com/pod-product-compliance
Lightning Source LLC
Chambersburg PA
CBHW072114090426
42739CB00012B/2970